ちいさな刺繍

MICRO STITCH

マイクロステッチ

千葉美波子

アップリケワッペン
Page.76

X-Knowledge

すこし、ちいさい。とても、かわいい。
ちいさな刺繍の世界をたのしみましょう

紋章ワッペン
Page.77

CONTENTS

目次

撮影／下村しのぶ

スタイリング／西森 萌

ブックデザイン／増喜尊子（増喜設計室）

図案文字入れ・DTP／天龍社

編集／鴨田彩子

SIMPLE
シンプル

1センチちょっとのモチーフは、はじめてのマイクロステッチにぴったり。
すぐできあがるのに、とびきりのかわいさです。

Page.47

1.2cmのくるみボタンにも刺繍できる大きさ。
市販のお洋服をお手製ボタンに付け替えれば、それだけでぐんと特別になります。

Page.47

CHARM FOR LUCK

ラッキーチャーム

鹿[富]

打出の小づち[富]

アローハート[情熱的な愛]

てんとう虫[幸運]

普遍的なモチーフは、いろんなシーンで活躍してくれそう。
お守り代わりに忍ばせやすい、このサイズがちょうど良いのです。

Page.48

〈1列め〉どんぐり［円熟］・王冠［力］ ／蹄鉄［幸運］ ／四つ葉のクローバー［幸運］・うさぎの脚［幸運］
〈2列め〉松竹梅［慶事・吉祥］ ／カギ［知識・成功］
／小麦の束［豊作］ ／みつばち［幸運］

〈3列め〉鶴と亀［長寿］
たいまつ［輝かしい生命］

ハンカチに刺せば、応援や感謝の気持ちを伝える特別なギフトに。
ひとつひとつがちいさいから、複数個を組み合わせることもできます。

Page.49

7

まるで世界地図に刺すピンのようにマイクロな図案。それでもちゃんと「どこ」かわかるよう、造形とステッチにこだわりました。
Page.50

ヘリコプター

ドローン

ナスカの地上絵（ペルー）

WORLD TRAVEL
世界旅行

飛行機

コルコバードのキリスト像（ブラジル）

パトカー

東京タワー（日本）

自動車

ハチ公像（日本）

電車

ピサの斜塔（イタリア）

エッフェル塔（フランス）

ストーンヘンジ（イギリス）

ロンドンバス

ロンドン橋（イギリス）

テムズ川（イギリス）

オオウミヘビ（16世紀海図）

帆船

ハートリーフ（オーストラリア）

モアイ像（チリ領イースター島）

POINT

道や線路のおかげで、細かいモチーフにまとまりが出ます。
道の周りに名所をピックして、ポーチやバッグに仕立ててても
いいでしょう。

治療中

じゃれる

カカカ

ラブバード

CATS & DOGS

猫と犬

おすわり（パピヨン）

ごろごろ（チワワ）

あそんで（ビーグル）

お散歩（しばいぬ）

遊んだり寝転んだり。日々の姿をスケッチした猫と犬のポーズ集です。
動きがあるので、輪郭だけを刺繍しても決まります。

Page.52

ハギレ刺繡を、ただ紐に留めたガーランド。
眺めながら、何に仕立てようか思案するのは至福の時。仕立てなくてもかわいいのです。

Page.53

〈1列め〉まて（ビションフリーゼ）・毛づくろい／ねらう／追う（ダックスフント）
〈2列め〉おどろく／くつろぐ・もう寝る（フレンチブルドッグ）／つかまり立ち（スタンダードプードル）

宇宙飛行士

おつきさま

HANG, FLOAT, CLIMB
ぶら下がる、浮く、登る

動詞から生まれた、いきいきとした図案たち。
今にも動き出しそうな姿に、どこに刺繍しようかと空想が膨らみます。
Page.54

筋斗雲

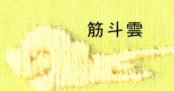

孫悟空とお釈迦さま

くつした

パンダ

パンツ

コアラ

フタユビナマケモノ

オオコウモリ

オランウータン

アメリカアカリス

エボシカメレオン

蜘蛛

ミナミコアリクイ

虹

召される

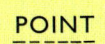

糸巻き

ものさし

編み物

SEWING

手芸の時間

手芸好きがときめく、頼れるお道具たち。
さりげない上品なサイズは、大人のソー
インググッズの目印にもぴったりです。

Page.56

糸切りばさみ

紡ぎ車

刺繍した布をテープ状にカットしたら、思わぬリズムが生まれました。
それぞれを接ぎ合わせて、お道具袋にしてもすてき。

Page.57

〈1枚め〉犬のピンクッション／握りばさみ／猫のピンクッション／うさぎのピンクッション
〈2枚め〉25番刺繍糸／ルレット／毛糸と刺繍糸
〈3枚め〉布切りばさみ／針と糸
〈4枚め〉チャコペン／リッパー／糸通し

FOODS

おいしいもの

色やカタチがかわいいもの。ちょっとクスッとなるようなもの。
モノというよりキャラクター感を意識して、図案を作りました。

Page.58

寿司（マグロ・卵・海老）

プリン

白飯

食パンとフォーク

ティーセット

とうもろこし

りんご

クリームソーダ

タコさんウィンナー

鯛焼き

さくらんぼ

スプーン

アイロン接着シートで作る刺繍パーツ。端がほつれず型崩れもしない、
おすすめの処理方法です。ワッペン以外の使い道も広がります。

Page.59

醬油ラーメン

プレッツェル

生ビール／海老の天ぷら

ハンバーガー

塩むすび

焼き鮭

干物（食べ終わり）

ピザ

DINOSAURS & PALEOORGANISMS

恐竜と古生物

ティラノサウルス（恐竜）[ジュラ紀]

生体図案と骨格図案を向かい合わせで刺繍しました。お話しているみたいですね。
1色刺繍で完成する骨格は、初心者さんにもおすすめです。

Page.60

1 ディプロカウルス（両生類）
2 ミクソサウルス（魚竜）
3 ディメトロドン（哺乳類の祖先）
4 ケノケラス（貝）
5 ランフォリンクス（翼竜）
6 ネウスチコサウルス（水棲爬虫類）
7 ディプロドクス（恐竜）

8 スケリドサウルス（恐竜）
9 ウィリアムソニア（植物）
10 カルタノサウルス（恐竜）
11 スピノサウルス（恐竜）
12 モササウルス（水棲爬虫類）
13 トリケラトプス（恐竜）

白亜紀（1臆4500万年〜6600万年前）

ジュラ紀（2億100万年〜1臆4500万年前）

三畳紀（2億5200万年〜2臆100万年前）

ペルム紀（2億9900万年〜2臆5200万年前）

FANTASY

空想の世界

〈1枚め〉ツチノコ(信濃奇勝録) ／マンドラゴラ(デイオスコリデスの博物誌)
〈2枚め〉ひとつ目小僧(怪談老の杖) ／唐傘おばけ(百種怪談妖物双六)
〈3枚め〉鵺／ぬえ(平家物語) ／グリフォン(ギリシア神話) ／ケンタウロス(ギリシア神話) ／ユニコーン(動物寓意譚)

人魚やゾンビ、昔話の人物など、想像のキャラクターを集めました。
造形とポーズ、カラーの工夫で、奇妙な魅力を引き出して。

Page.62

20

1 桃太郎（絵本もも太郎・江戸時代）／妖精（ケルト神話）
／親指姫（アンデルセン童話）
2 りんご売り・白雪姫（ともにグリム童話）
3 セイレーン（ギリシア神話）

4 人魚（和漢三才図会）
5 赤ずきん・オオカミ（ともにグリム童話）
6 ゾンビちゃん（ブードゥー教）

POINT
- - - - - -
このちいささだから、大人も使いやすい。自由な心を忘れないおまじないに、
そっと持ち物に刺繍しておきましょう。

21

SECRET GARDEN

秘密の花園

すずらん　　　もぐら　　　チューリップ　　　ハエトリグサ　　アリ

物語に登場するお花とその仲間をイメージして。鉢や土はつけたり外したり、組み合わせを楽しむことができます。

Page.64

種袋のようなきんちゃくは、手縫い仕立てだからこその良い雰囲気。
ザクっと織られたコットンと革紐が素朴です。ギフトを入れても。

Page.65

〈1列め〉ちょうちょ
〈2列め〉スミレ・スコップ／
バタ付きパンのちょうちょ・薔薇／
デイジー・ジョウロ

〈3列め〉ミモザ・小鳥・ヤドリギ
／ブルーベル・ゆり

ピラミッド（エジプト）

石室入口（日本）

ANCIENT REMAINS
& CHARACTERS

古墳・埴輪・古代文字

スフィンクス（

馬型埴輪（日本）

石の感じ、土の感じ。実際の形を活かしながら、
刺繍モチーフとして愛らしくなるよう、ステッチを工夫しました。
Page.66

マヤ文字［撒く］

マヤ文字［火］

マヤ文字［山］

紙用両面テープを貼ればシールが完成。手帳や手紙に貼ったり、
スマホケースに挟んだり。布小物を飛び越えた使い方にわくわくします。

Page.67

〈封筒〉武人の埴輪（日本）
〈手帳の上〉力士像埴輪（日本）
／象形文字・月（中国）／踊る埴
輪（日本）／キャンプファイヤー
（米先住民の絵文字）

〈写真の上〉魚（米先住民の絵文字）／
鶏型埴輪（日本）／象形文字・鶏（中国）
〈下〉**a** 象形文字［愛］（中国）／ **b** ルー
ン文字［旅・バランス・成長］／ **c** ルーン文
字［人間性・つながり・可能性］／ **d** ルー
ン文字［豊かさ・健康・はじまり］／ **e** 遮光
器土偶（日本）／ **f** 前方後円墳（日本）

LETTERS

文字

読めない古代文字に惹かれます。本当の気持ちを綴れる気がするのです。
対応する文字がない箇所はアルファベットで代用しても。

Page.68

NORTH SEMITIC ALPHABETS 北セム文字

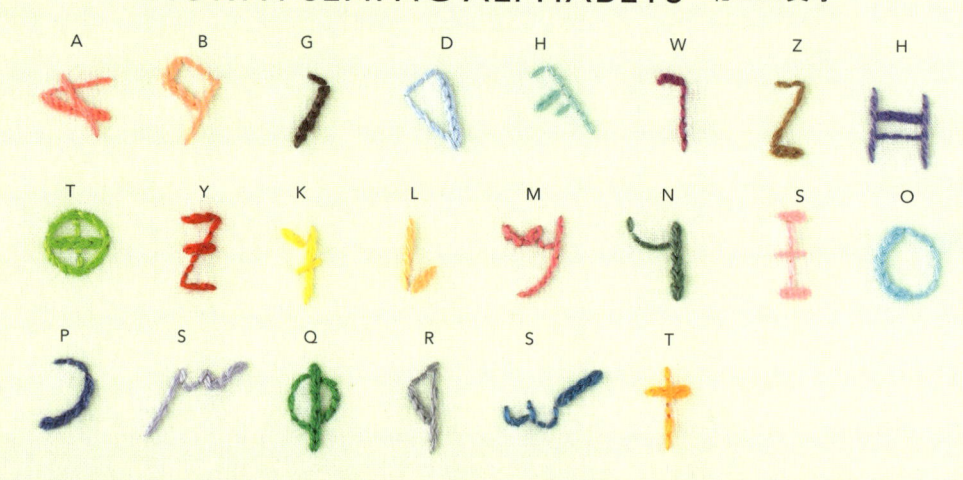

HIEROGLYPHS ヒエログリフ

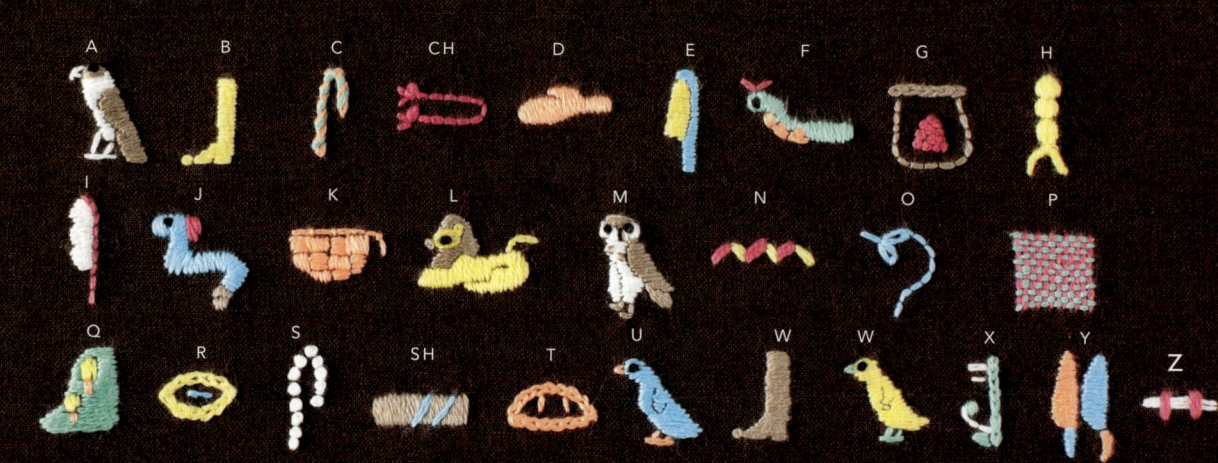

〈上から〉
JOIE（よろこび・仏語）[p.26 ヒエログリフ]
イニシャル [p.28 お花のアルファベット]
pas à pas（一歩一歩・仏語）[p.26 北セム文字]
イニシャル＋年号（メモリアルピンクッション）[p.28 お花のアルファベット]

ひと針ずつ進めていく手仕事の豊かな時間をイメージした言葉を綴ったピンクッションをお針道具のお供に。
イニシャルや刺繍をはじめた年を入れても。

Page.70

FLOWER ALPHABETS　お花のアルファベット

絵文字の暗号感が楽しいアルファベット。3色だけで手軽です。
小文字と数字はどんな図案とも相性が良く、図案の使い道が広がります。

Page.71

COLUMN
古代文字のはなし

　気持ちを伝え合うツールであり、グラフィカルなデザインであり、その人を指し示す印にもなる。「文字」ってすてきです。

　書き文字の起源は、ほとんどが絵のような象形文字でした。アルファベットの語源であり、始まりの文字でもあるA（アルファ）も雄牛の形から作られています。

　石板に刻まれたヒエログリフは、聖なる存在に捧げる特別なことばでした。一方、神官が紙（パピルス）に手書きする文字はヒエラティックと呼ばれ、明確に区別されていたそう。

　手をかけて文字を刻むことで、特別な文字になる…なんだか、布に刺繍をすることと通ずるものを感じませんか？

　古代の人々は壺や鏡、水差しなど身近な品にも文字を掘ってきました。デザインとして楽しむだけでなく、知性の印や願いを込める行為でもあったようです。これもまた、私たちがいろんなものに刺繍したくなる気持ちに似ています。今も昔も、私たちには文字とデザインが欠かせません。

ヒエログリフ
（紀元前3000年頃、エジプト）

神聖な（hieros）と掘る（gluphein/共にギリシア語）から名付けられた古代文字。P.26　P.27

マヤ文字
（紀元前3世紀、マヤ地域低地）

複数の記号（文字素）を組み合わせる特殊な文字。今回は文字素を刺繍にした。P.24

北セム文字
（紀元前1700年頃、地中海沿岸）

現代ラテン文字（アルファベット）の起源。子音のみで構成。母音を補って読む。P.26　P.27

漢字
（紀元前1500年頃 古代中国）

今も使われている世界最古の書き文字。象形文字と単語を表す記号を組み合わせる。P.25

アメリカ先住民のピクトグラム
（紀元前300年頃、北米大陸）

レッド・ロック・キャニオン（米）に岩壁画として残っている。P.25

古代ルーン文字
（フサルク、2世紀頃）

「秘密」「隠されたもの」という意味を持つ、北欧神話と関わりの深い神秘的な文字。P.25

SEASONS

シーズン

個々を8cm枠にはめた「12月」。オーナ
メントとして飾ったり、おもてなしのテー
ブルにお皿と並べてもすてきです。

Page.72-75

1 2 月

年越しの天使

サンタクロース

ツリー

1月

初日の出

鏡餅

一富士二鷹三茄子

2月

豆升

鬼

柊鰯

3月

犬と婦人

おひなさま

4月

花筏

桜餅

イースター

5月

こいのぼり

カーネーション

6月

紫陽花

水無月

茅の輪くぐり

8月

海水浴

山登り

お盆

7月

織姫と彦星

短冊飾り

名月

すすき

月見団子

七五三

落ち葉と読書

秋の味覚

9月

11月

仮装

おばけくん

こうもり

かぼちゃ

10月

32

LESSON マイクロステッチ　刺繍は次のような順序で作業します。

STEP 1

図案を写す

▼

▼

▼

布に図案を写します。写し方は2種類あるため、好みの方法で写しましょう。

(図案の写し方)　P.35

(布、針、糸について)　P.44

STEP 2

フープにセットする

▼

▼

▼

図案を写した布をフープ（写真は内枠の直径8cm）にはめます。布がたるまないように、しっかり張りましょう。

STEP 3

刺繍をする

▼

▼

▼

▼

▼

指定のステッチで刺していきましょう。写真のようなサテンステッチの場合は、手前になる部分から刺し（①〜④）、その後にサテンSの上のパーツ（⑤）を刺します。

(刺しはじめ)　P.36　　(ちいさい＆かわいい刺繍の刺し方)　P.36

STEP 4

仕上げをする

（裏）　　（裏）

刺しおわりで、糸端を始末します。図案を水で消えるペンで写した場合、霧吹きで図案線を消し、裏からアイロンを軽く押し当てるとふっくらします。

(刺しおわり)　P.37

図案の写し方

● 下準備

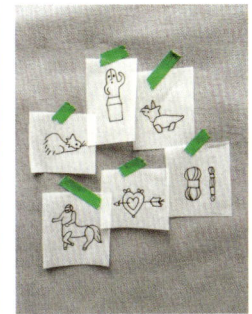

◀複数のモチーフを刺す場合は、トレーシングペーパーに写した図案を活用して。布の上にマスキングテープなどで仮置きし、配置を決めます。

本の図案の上にトレーシングペーパーを重ね、なぞって図案を写します。

● 複写紙で写す場合

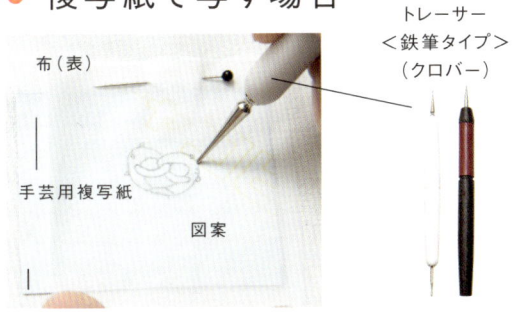

布（表）

手芸用複写紙

図案

トレーサー
＜鉄筆タイプ＞
（クロバー）

2

布の上に手芸用複写紙、図案を重ねてまち針でとめ、鉄筆でなぞる。

筆圧が弱い人は、文具用の鋭い鉄筆（右）を使ってみてもよいですが、ペーパーが破ける恐れがあるので注意。

ひと書きしたら動かさないように複写紙をめくり、線の濃さを確認しながら写す。薄い場合は、直接布の線を水で消えるペン（下段参照）でなぞり、書き足します。

クロバーチャコピー刺しゅう用〈片面・白＆紫セット〉

● トレース台で写す場合

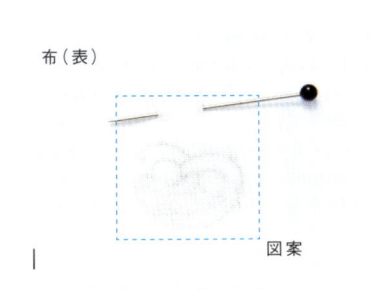

布（表）

図案

布（表）

2

布の下に図案を重ね、まち針でとめる。

市販のトレース台の上に置き、図案を写す。水で消えるタイプのペンを使うと刺繍した後で線を消すことができます。

トレース台は、100円ショップなどで手頃な価格で販売しているものがあります。

ちいさい＆かわいい刺繍の刺し方

刺しはじめと刺しおわり

最後に刺すフレンチノットSなどは、裏の渡り糸を2〜3回すくってから表に針を出し、刺繍します。

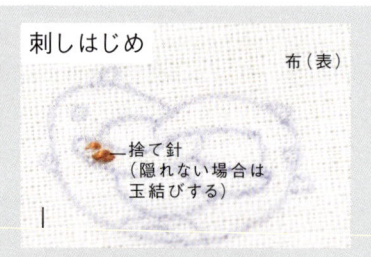

刺しはじめ　布（表）

捨て針
（隠れない場合は玉結びする）

図案の内側で、刺しはじめの位置に近い位置を2回ほどちいさくすくう（捨て針）。

布（裏）

裏からみたところ。糸端は1cm程残しておき、最後に切る。

サテンS

ちいさくてもカーブでしっかり曲げるとかわいくなります

POINT サテンSは、一番手前のブロックから刺していきます。

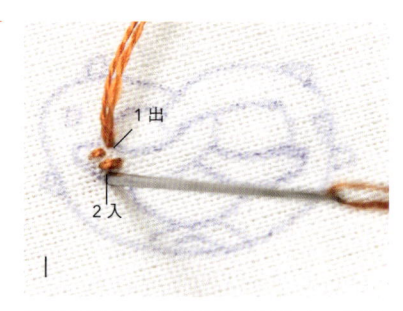

1出
2入

図案の線上で、奥から手前に向かってひと針刺す。**POINT** 図案の端から刺しはじめないようにしましょう。

反対側を刺す

線を並べるように端まで刺したら、糸を切らずに続けて反対側を刺す。

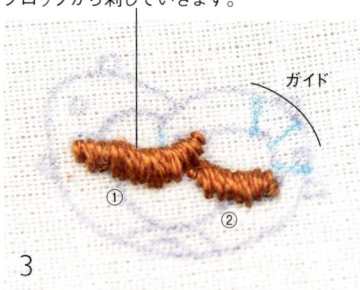

ガイド
①　②

2つのブロックを刺したところ。次のカーブが急なブロックでは、ガイド線を書き入れる。

線上　内側

ガイドの位置でV字に刺して方向を曲げる。まず、外側のカーブは線上に針を出し、内側のカーブは線の内側に針を入れる。

線上
線上

次に、ガイドに沿って線上から線上に刺す。

V字に刺したところ。これによりカーブのもたつきがなくなり、曲がりやすくなる。

次のガイドの位置でも、同様にV字に刺す。

3つめのガイドまで刺したところ。ガイド部分をV字に刺したことで、カーブがきれいに刺せた。

刺しおわり　布（裏）

1

**刺繍を終えた糸を裏側で始末する。ま
ず、近くの渡り糸を1回すくう。**

2

さらに、1〜2回すくう。

3

糸をきわでカットする。

フレンチノットS

ちいさなモチーフに合わせて、ちい
さい丸にしましょう

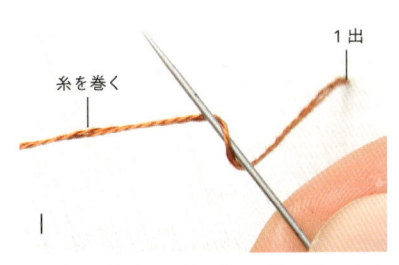

糸を巻く　　　1出

1

**針を出し、指定の回数分、左手で針に糸を
巻く（写真は1回）。**

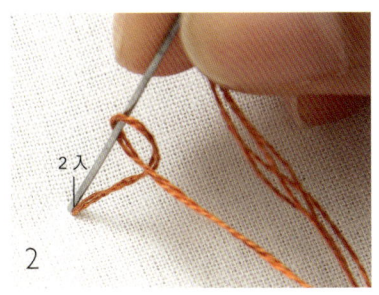

2入

2

そのまま、すぐそばに針を入れる（2入）。

引く

3

左手で糸を引いて、針に巻いた糸を締める。

糸を引いたまま

4

**左手で糸を引いた状態で、右手で針を裏側
に抜く。**

5

**ちいさな丸ができる（左）。同じ1回巻でも糸
の引きがゆるいと、大きくなります（右）。**

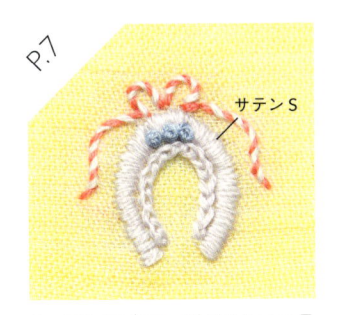

P.7　　サテンS

**カーブを曲げると、形がきれいに見
えます。**

P.20　　サテンS

**パーツの境界では、同じ針穴に針
を入れると、程よい隙間に。**

P.4　　フレンチノットS

**フレンチノットSを締めて、ちいさな
目に。**

オープン・レゼーデージー S

UやVの形で、細部の表現もしっかりと!

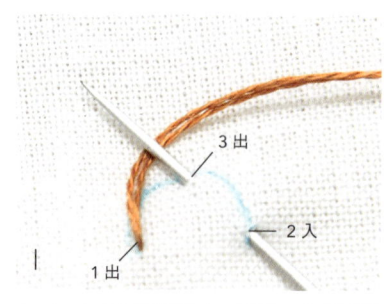

1 左、右、中央の順に刺す。1出と2入は逆順でもいい。

2 針の糸を引き、カーブの形になったら、カーブの後ろに針を入れてとめる。

3 Uを逆さにした形になる。

4 糸の引きを強くすると、Vを逆さにした形になる。

POINT Vの形にする場合は、**2**の糸をしっかり引きます。

チェーン S

ちいさなチェーンはよりかわいい! 直線もカーブも自在です

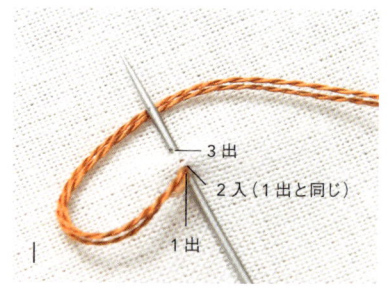

1 針を出し、同じ位置に針を入れて、ひと針分（2〜3ミリ）先に出す。

2 針の糸を引く。

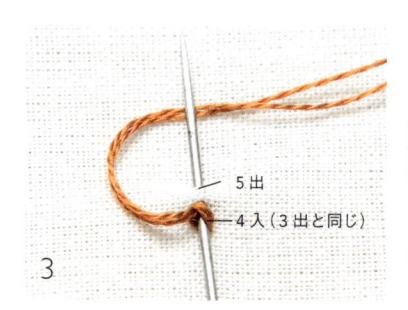

3 3出と同じ位置に針を入れ、再び、ひと針分（2〜3ミリ）先に出し、糸を引く。

4 これを繰り返すと、チェーンが連なった形になる。

5 最後は、カーブの後ろに針を入れてとめる（左）。通常のチェーン（右／4〜5ミリ）に比べると、輪が見えず、締まった線になる。

バリオンS

盛り上がった線がアクセントになります

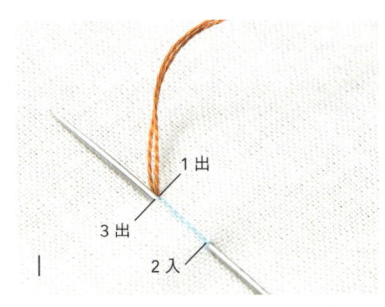

1

図案線の端に針を出し、反対側の端まで戻ってすくう。

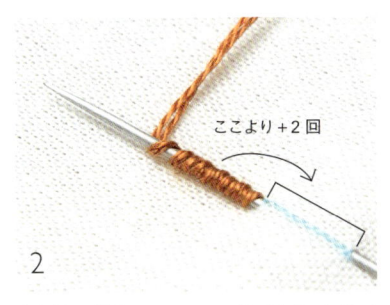

2

糸を針に巻く。**POINT** 針ですくった線の長さ分 +2 回巻きます。

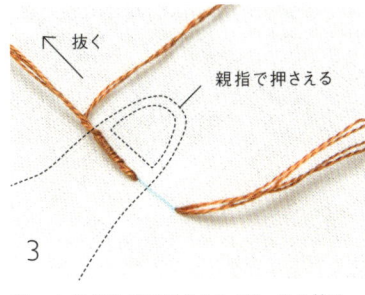

3

巻いた糸を親指で押さえながら、針を抜く。

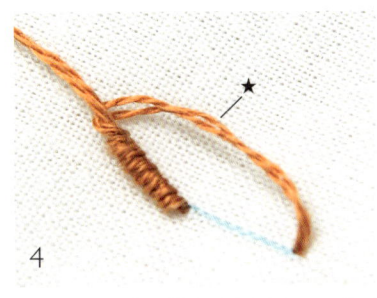

4

写真のように糸の輪★が小さくなって、糸が引けなくなるまで引く。

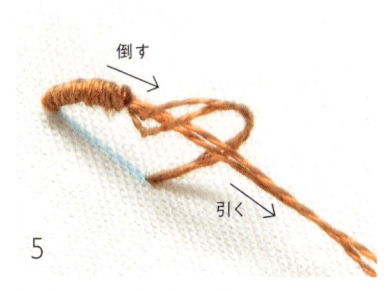

5

糸を手前に倒し、再び引く。

6

糸を引き切ったら、2入と同じ穴に針を入れてとめる。

7

すくった長さ + 糸の巻数で長さが変わる。

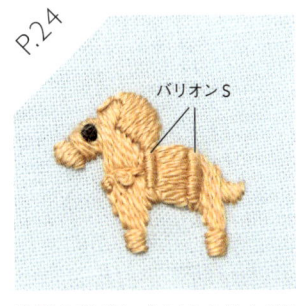

境界の線がくっきりとした仕上がりに

アウトラインSより滑らかな線に。

うろこ模様をU字の形で。

ひげや実をしっかり表現。

ウーブン・スパイダーズ・ウェブ S

フレンチノット S よりおおきい丸に
使うと便利

※フライ S は 82 ページ

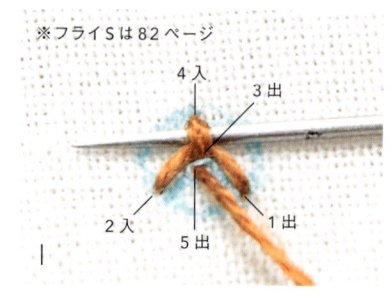

| 4入 3出
2入 5出 1入
1

2

フライ S（1出〜4入）で3本軸を刺す。中心
そばから針を出し、1本おきに軸にくぐらせる。

続けて、ぐるぐると1本おきにくぐらせていく。

3　6入

4　6入

P.32　ウーブン・スパイ
ダーズ・ウェブ S

軸が隠れるまでくぐらせたら、針を入れて、裏
側に出す。

フレンチノット S より盛り上がった、おおきな
丸ができる。

ころっとしたお団子にぴったり。

バスケット S

密に刺すと織物のような仕上がり
になり、マルチに活躍

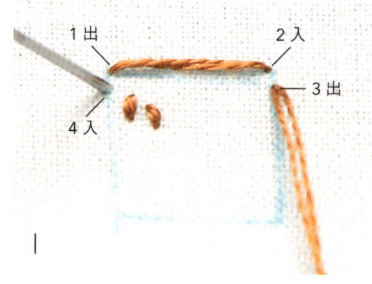

1出 2入
3出
4入
1

2

横方向を刺す。図案の形に合わせて、横方
向に糸を渡していく。

左右交互に糸を渡したところ。

3

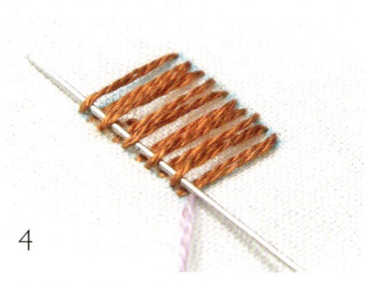

4

5

縦方向を刺す。1本めは2で刺し終えたそば
の端から糸を出す。

1本おきに横糸に針をくぐらせる。

端まできたら、針を入れる。

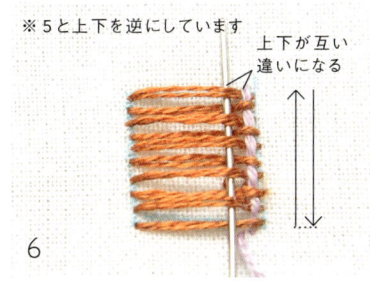

※5と上下を逆にしています

上下が互い
違いになる

6

縦の2本めは**5**のそばから針を出し、**4**と互い
違いになるように1本おきに針をくぐらせる。

7

端で針を入れて、2本めの完成。

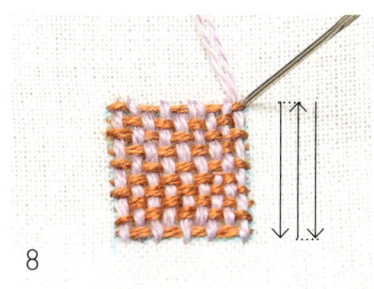

8

3本め以降も、同様にしてつねに隣りと互い
違いになるよう針をくぐらせて編み目を作る。

モチーフの背景に刺す場合

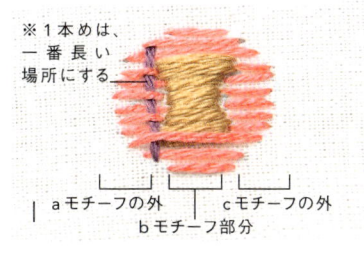

※1本めは、
一番長い
場所にする

a モチーフの外
b モチーフ部分
c モチーフの外

モチーフをよけて横方向を刺し、縦方向を刺
す。モチーフに沿ってブロックに分け、外の
ブロックから刺す。

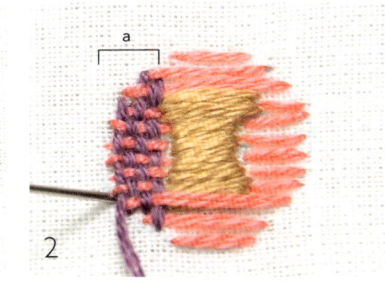

a

2

1本めを基準に、内から外へと縦方向に糸を
通し、aのブロックができたら針を入れる。

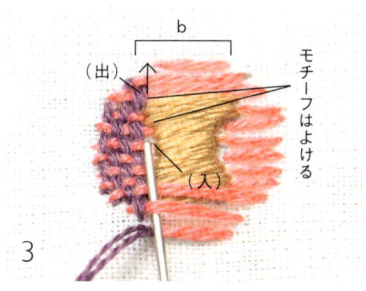

b

（出）

モチーフは
よける

（入）

3

続けて、bのブロックに通す。モチーフをよけ
ながら、aを基準に互い違いになるようにくぐ
らせる。

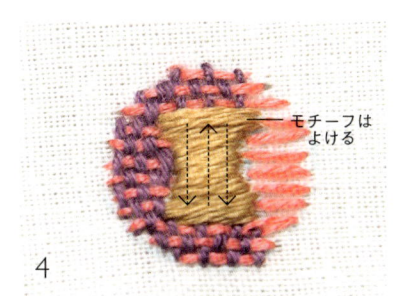

モチーフは
よける

4

bのブロックを通したところ。**3**と同様にモ
チーフはよけて（裏に糸を渡す）針を出し入
れする

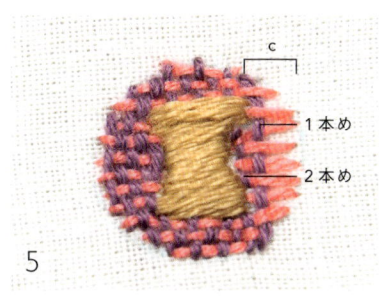

c

1本め

2本め

5

最後のcのブロックを通す。1本めは、aと
同様に基準となる一番長い場所を刺し、次
に内側を刺す。

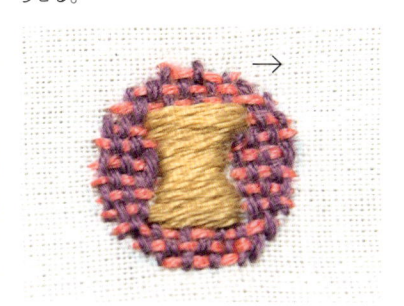

残った部分も1本めを基準にして外に向かっ
て刺し、完成。

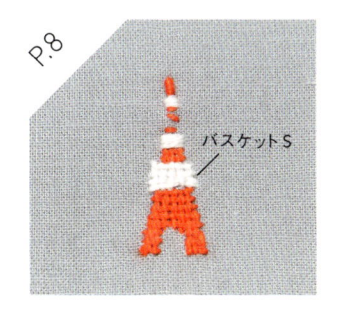

P.8

バスケットS

鉄鋼の骨組に見立てて。

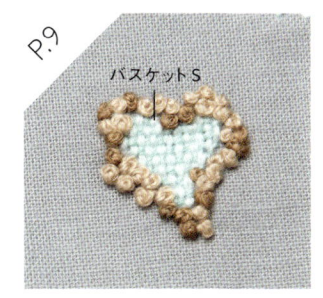

P.9

バスケットS

ドット絵のような密な表現。

P.2

バスケットS

織物のような背景に。

ふんわふわ S

著者のオリジナルステッチ。スミルナSより密な仕上がりに

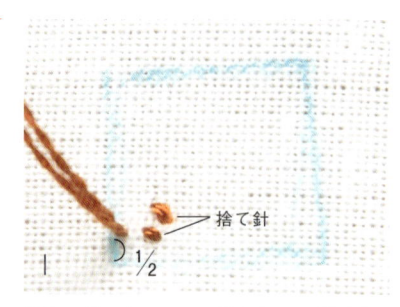

図案の端から、1/2の長さ（0.3cm程度）の位置に針を出し、バックSをする。

続けて、ひと針分（0.6cm程度）の長さでバックSする。

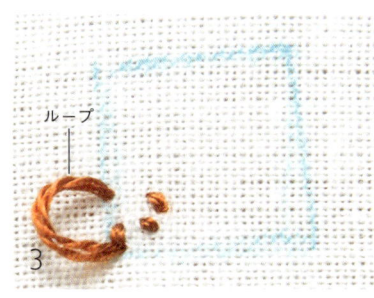

2の糸を最後まで引かず、ループにする（0.5cm程度。表現したいものによって長短は変える）。

ループの端から1/2の長さでバックSする。

1個めのループが完成。

2個めのループを作る。ひと針分の長さでバックSする。

6の糸を最後まで引かず、ループにする（0.5cm程度）。

ループの端から1/2の長さでバックSする。

1/2の長さでバックSしたところ。

6〜9を1セットとして、図案の端までくり返す。1列めの完成。

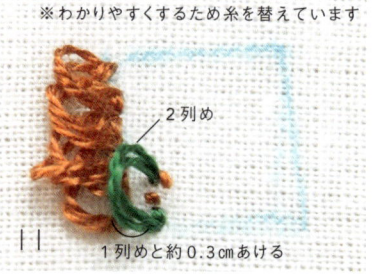

2列めも1列めと同様にする。
POINT 続けて刺すが、裏で1.5cm程残してカットして、2列目をはじめてもOK。

12

2 列めの完成。

13

以降も列ごとに図案の端まで刺す。

14

ほぐしたい場合は、ループをカットする。

円に刺す場合

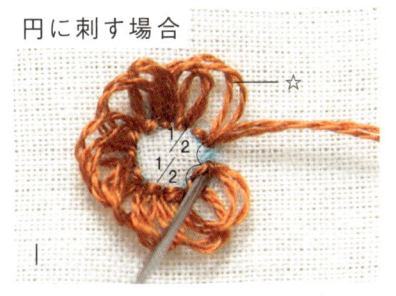

1

42 ページと同様にして最初のループの 1 個分手前まで刺したら（☆）、最初のループと 1/2 重なるループを刺す。

2

ループ（★）ができる。★のループの根本のあいたスペース（1/2 分）をバック S。

3

★のループと 1 個前のループ（☆）にまたがるループを刺す。

4　$\frac{1}{2}$ バック S

またがってできたループの根本を 1/2 の長さでバック S する。

5

スペースが空いている場合は、内側に 2 週めの円を刺す。

P.11　ふんわふわ S

目鼻は最後に刺します。

P.11　ふんわふわ S

体のパーツごとに方向を変えて。

P.7　ふんわふわ S

円に刺しカットしてほぐすと繊維状に。

マイクロステッチ Q&A

Q どんな布が向いているの?

A サイズがちいさめのため、粗い布よりも目が詰まった布が刺しやすく向いています。作品ではおもにエイティスクエア（1cm あたり、約 80 本程度の経糸と緯糸で織られた生地）を使用しました。

エイティスクエア（左）と一般的なリネン（右）。目が詰まっている布は、ちいさくてギュッとしたマイクロステッチ向き。

Q 使用した糸は?

A おもに25 番手の刺繍糸（左）を使っています。この他、きらめきを出したいモチーフの場合はラメ糸を使いました。エトワール（右）は、25 番刺繍糸にさりげなく寄り添うきらめきを出したい時に。写真ではラメがわからないくらいですが、実際はチラチラと輝いて上品です。スパークルラメは、ラメ糸の中でも柔らかくて刺しやすく、25 番の 1 本取りとほぼ同じ太さなので、合わせて使っても違和感がありません。よりメタリックな、金属的な輝きを出したい時に使っています。

DMC 25番刺繍糸（左）
DMC 25番刺繍糸エトワール（右）

スパークルラメ
（フジックス）

Q 使用した針は?

A おもに25 番 2 本取りで刺しているため、フランス刺繍針の No.7 を使用しています。この他、バスケット S など針を糸にくぐらせるステッチの場合、糸を割らないよう先丸タイプの針があると便利です。そうした針を使用しない場合は、針穴側から針をくぐらせるとよいでしょう。

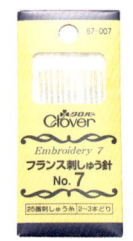

フランス刺しゅう針 No.7（クロバー）

刺繍糸が余ったら

ちいさなモチーフのマイクロステッチでは、使う糸はほんの少しです。そのため、余った糸は指にくるくる巻きつけて丸めてから、箱などに入れておきましょう。こうすると、ほんの少し使いたい色がある場合、ここから選んで取り出せるので、糸選びが手軽で楽しくなります。

刺繡の実物大図案

<table>
<tr>
<td>

刺 繡 糸

25番刺繡糸の色番号（BLはBLANCの略）。丸数字の指定がない場合は、すべて2本取りです。

［ それ以外の糸 ］

DMC25番
刺繡糸エトワール

エトワールBL

LM102

スパークルラメ
（フジックス）

</td>
<td>

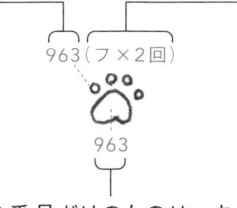

963（フ×2回）

963

糸番号だけのものは、すべて
サテンSで刺します。

</td>
<td>

ステッチ名

省略して記載しています。
▷下の一覧参照

フ…フレンチノットS
×2回…糸を巻く回数。フレンチノットSやバリオンSでは、指定の回数分糸を巻きましょう。

</td>
</tr>
</table>

ステッチ名の一覧　　以下のように省略しています。刺し方は巻末80〜83ページ参照。

【五十音順】※Sはステッチの略です

ア…アウトラインS	ブ…ブランケットS
コ…コーチングS	ボ…ボタンホールS
ス…ストレートS	ラ…ランニングS
チ…チェーンS	レ…レゼーデージーS
バ…バックS	ロ…ロング＆ショートS
バス…バスケットS	O・レ…オープン・レゼーデージーS
バリ…バリオンS	W・ス…ウーブン・スパイダーズ・ウェブS
フ…フレンチノットS	W・チ…ウィップド・チェーンS
ふ…ふんわふわS	W・バ…ウィップド・バックS
（著者のオリジナルS。刺し方はP.42）	

ステッチの注意点　34〜43ページのLESSONもあわせてご覧ください。

● **バスケットS**

956→963（バス）
※同じ色で刺す
場合があります

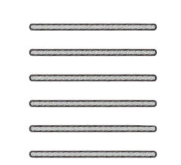
956で横方向に刺す

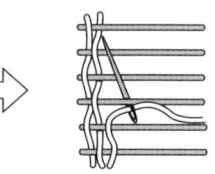
963で縦方向に刺す

● **オープン・レゼーデージー S**

956（O・レ）

図案に合わせて
逆U字の形に刺す

3031
（O・レ）

図案に合わせて
糸を引き、逆V字の形に刺す

● **ウーブン・スパイダーズ・ウェブS**

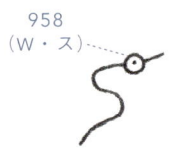
958
（W・ス）

軸の指定がない場合は
3本軸（フライS）で刺す

3本軸以外の指定（5本軸、7本軸）が
ある場合は、その本数をストレートSで刺す

● **ウィップド・チェーンS**

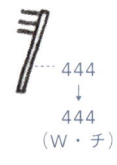
444
↓
444
（W・チ）

444でチェーンSを刺す

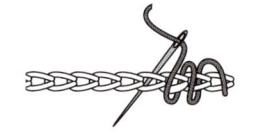
444（別の色の場合もあります）で
チェーンにくぐらせて巻きつける

● **その他…目の表現のステッチ**

413（フ×1回）
BL
（O・レ）

413の1回巻きで
フレンチノットS
を刺す

BL（BLANC）でオープン・レゼーデージS
を刺す。どこを囲むかで、黒目に動きが出ます。
※上下を囲む場合は、指定あり

SIMPLE

シンプル

・指定（丸数字で表記）がないものはすべて2本取り。
・ステッチ名がないものはすべてサテンS 。

※5ページのくるみボタンは、下で指示した以外は上と同じように刺繍する

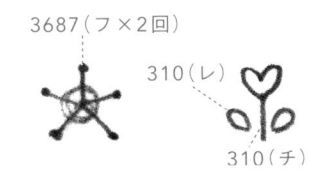

CHARM FOR LUCK

ラッキーチャーム

・指定（丸数字で表記）がないものはすべて2本取り。
・ステッチ名がないものはすべてサテンS 。

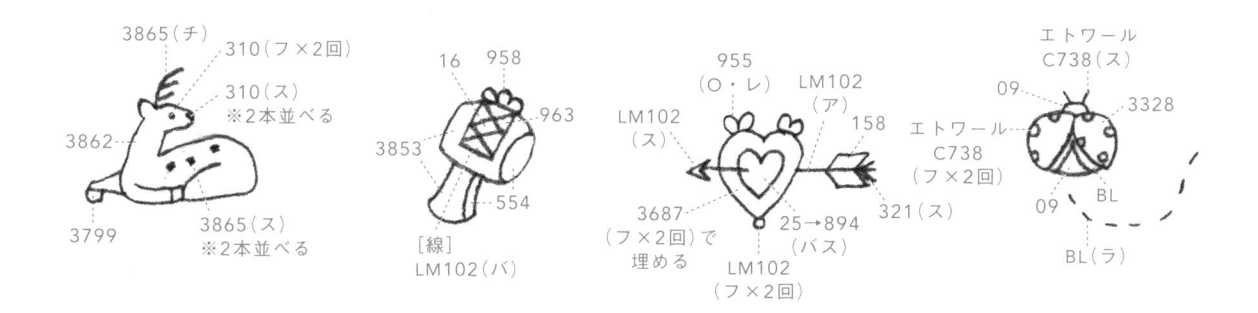

3865（チ）
310（フ×2回）
310（ス）
※2本並べる
3862
3865（ス）
※2本並べる
3799

16　958
963
3853
554
［線］
LM102（バ）

955
（O・レ）
LM102
（ア）
158
LM102
（ス）
3687
（フ×2回）で
埋める
25→894
（バス）
321（ス）
LM102
（フ×2回）

エトワール
C738（ス）
09
3328
エトワール
C738
（フ×2回）
09　BL
BL（ラ）

3828→3828(バス)
470
433(ス)
433
3826(ア)
LM102(ス)
809(フ×2回)
304
06
327
973(ス)
304(フ×2回)
LM102(ア)
601
LM102(O・レ)

893→BL(W・バ)
809(フ×2回)
25
25(チ)

562(バ)
562
562(ア)
909(バリ)
ヨコ12回→タテ10回
3799(フ×1回)
3727
3799(バ)
3727(ス)
BL
BL(ア)

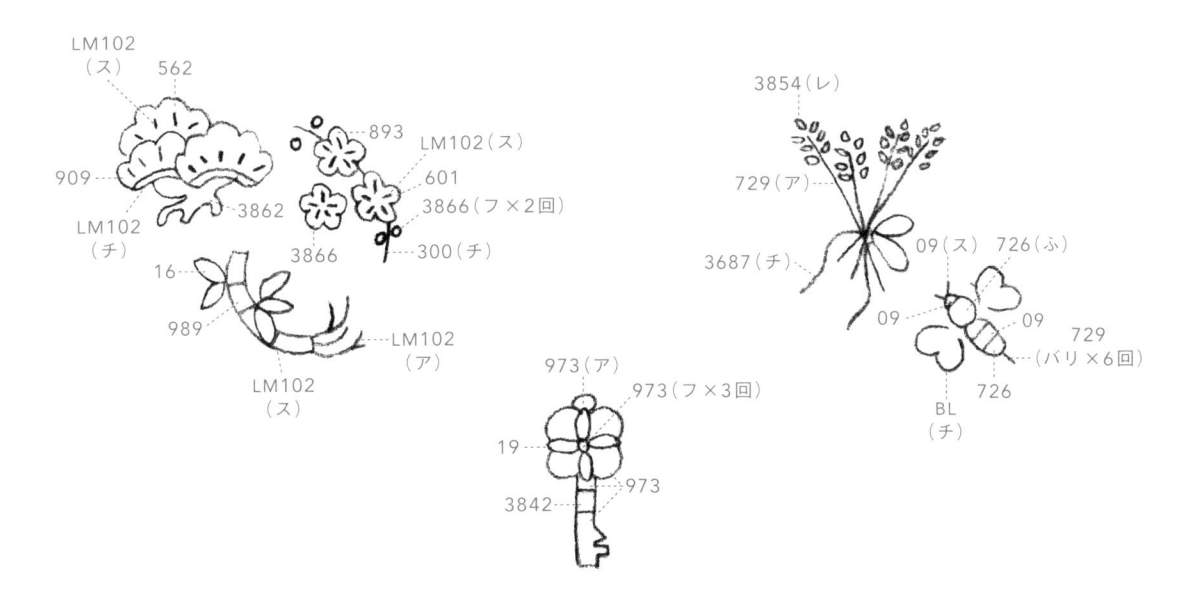

LM102(ス)
562
909
3862
LM102(チ)
16
989
LM102(ス)
893
LM102(ス)
601
3866(フ×2回)
3866
300(チ)
LM102(ア)

973(ア)
973(フ×3回)
19
973
3842

3854(レ)
729(ア)
3687(チ)
09(ス)
726(ふ)
09
09
729(バリ×6回)
726
BL(チ)

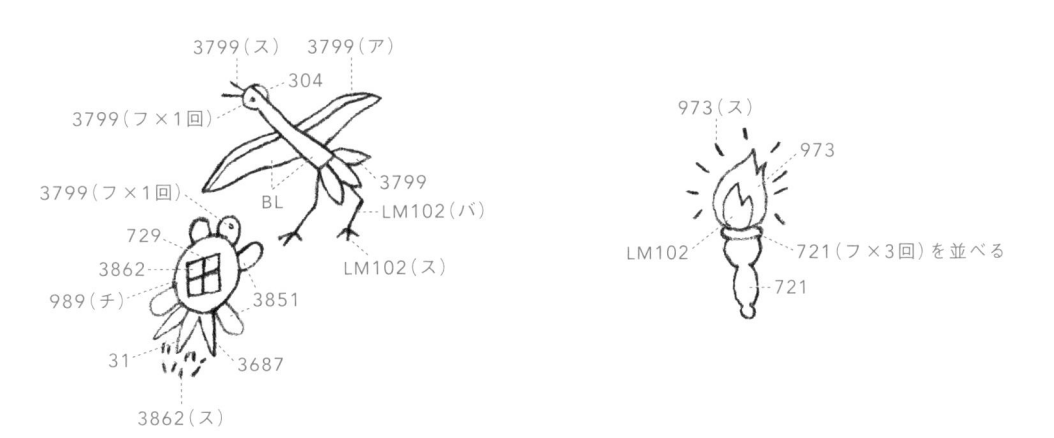

3799(ス)
3799(ア)
304
3799(フ×1回)
3799(フ×1回)
BL
3799
LM102(バ)
729
3862
LM102(ス)
989(チ)
3851
31
3687
3862(ス)

973(ス)
973
LM102
721(フ×3回)を並べる
721

49

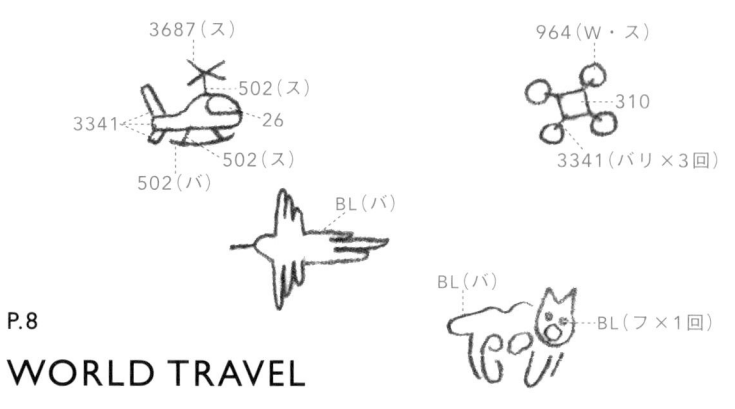

3687（ス）

502（ス）

3341　　26

502（ス）

502（バ）

BL（バ）

964（W・ス）

310

3341（バリ×3回）

BL（バ）

BL（フ×1回）

P.8

WORLD TRAVEL

世界旅行

・指定（丸数字で表記）がないものはすべて2本取り。
・ステッチ名がないものはすべてサテンS 。

956

26

26

519

963

415

820

747（ア）

3847（バ）

3847（フ×1回）で埋める

3847

09（ス）

606（バリ×5回）

BL

606（ス）

BL→BL（バス）

606→606（バス）

3341（ス）

321

321（ス）

BL（ス）

BL（ア）

519

956（ア）

310

956（ス）

444（ス）

519

956

820（フ×1回）

BL（チ）

3864（レ）

01（ス）

3864

01　　310

BL（ス）※2本　　26

19

815※斜め

958（ア）

820（フ×1回）

907（ス）

50

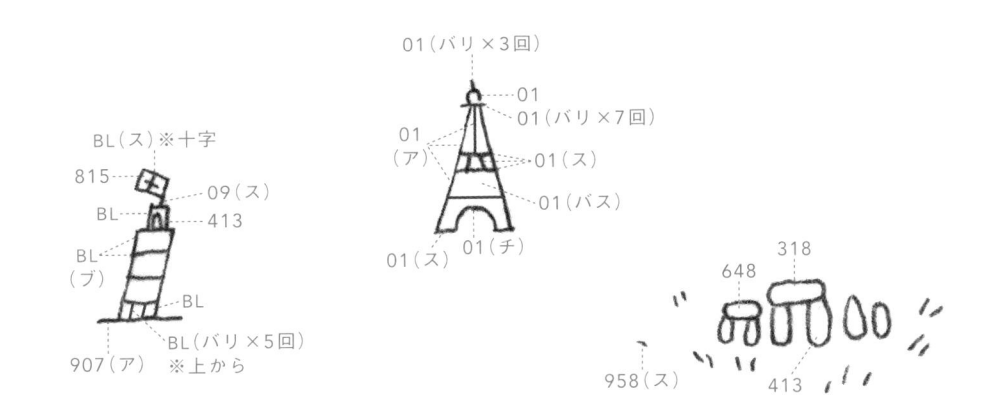

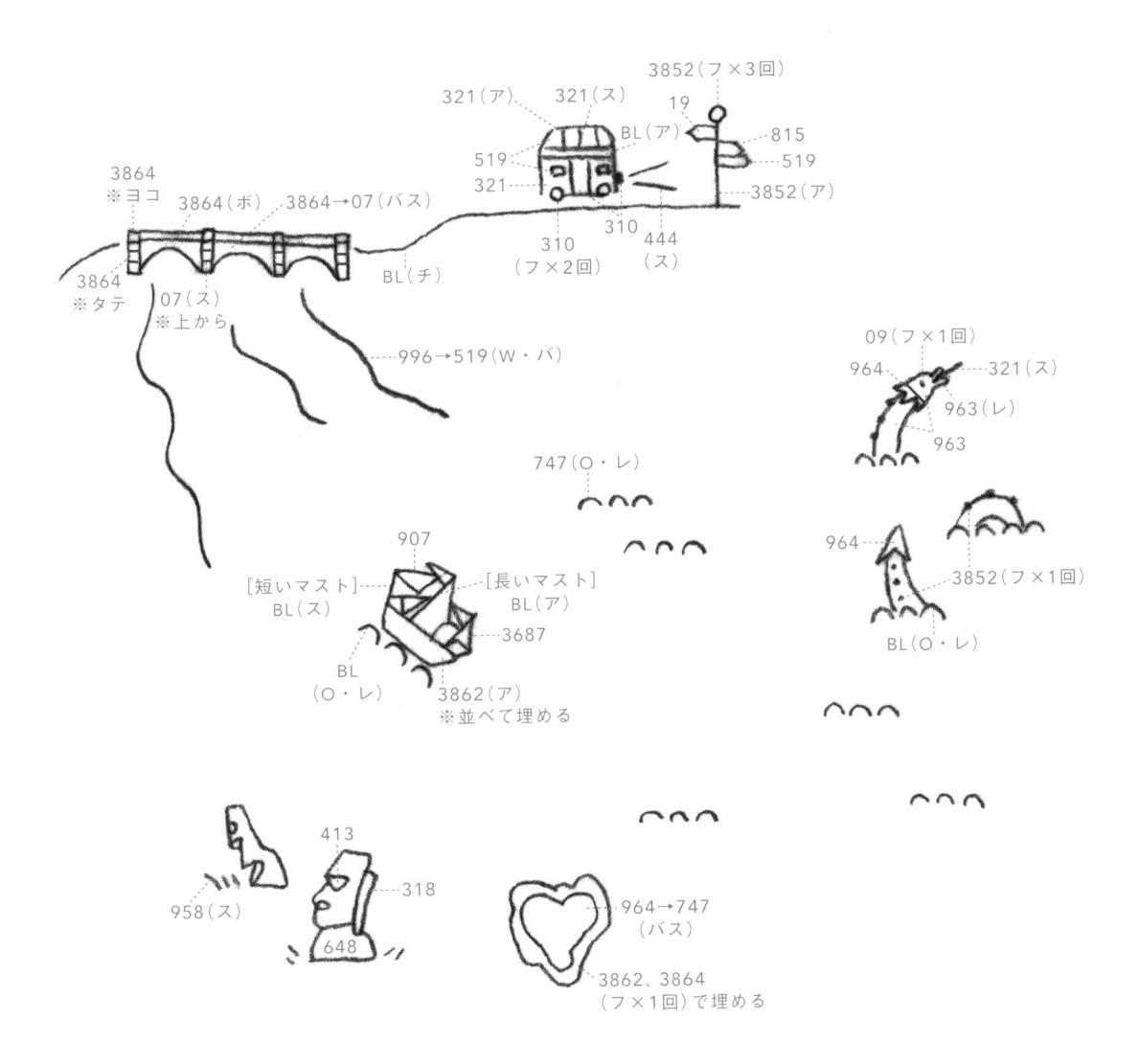

CATS & DOGS

猫と犬

・指定（丸数字で表記）がないものはすべて2本取り。
・ステッチ名がないものはすべてサテンS。

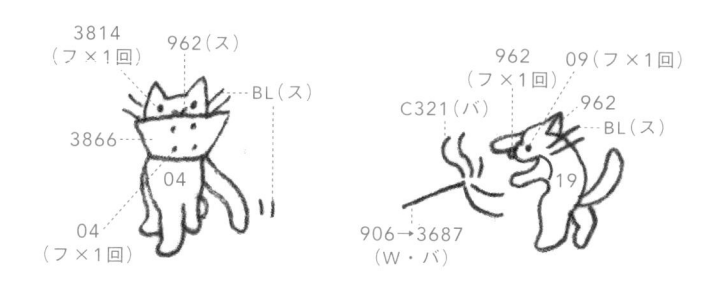

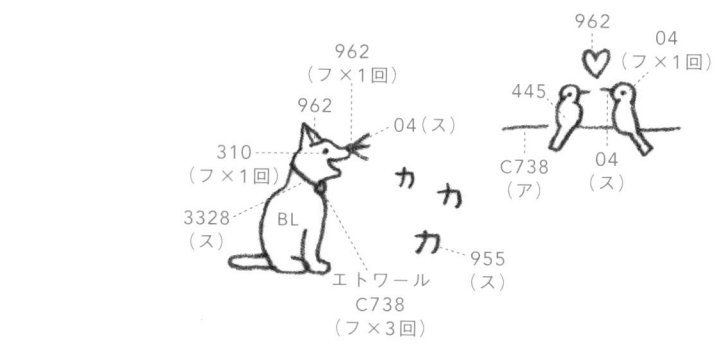

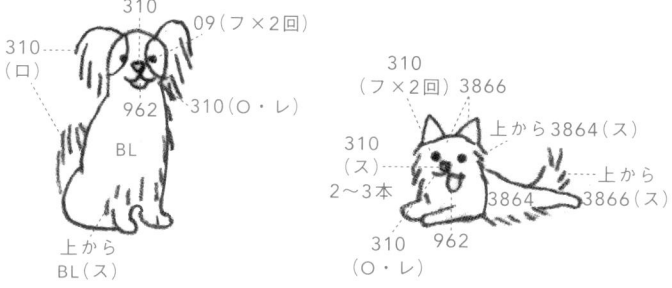

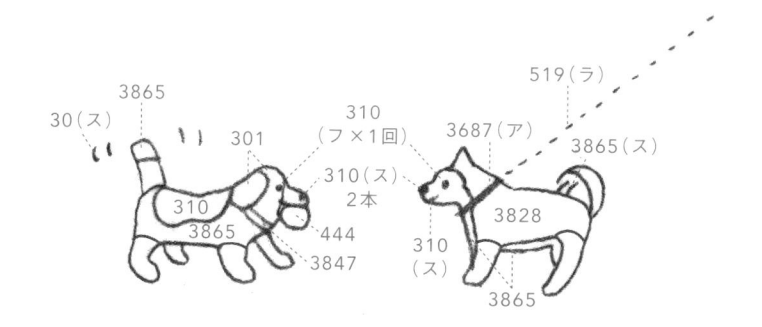

HANG, FLOAT, CLIMB

ぶら下がる、浮く、登る

–––––––––––––––––––––––––––––––––
・指定（丸数字で表記）がないものはすべて2本取り。
・ステッチ名がないものはすべてサテンS。

310

BL

BL

BL
（フ×3回）

糸をはわせる
※刺繍する場合はコーチングS
やアウトラインSをする

334（フ×2回）

307

19

LM102（ス）   301

353

310（フ×1回）

321

29（ス）

310

3856

950

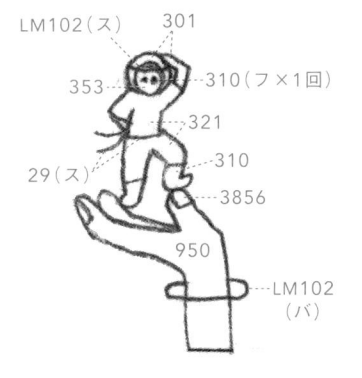

LM102
（バ）

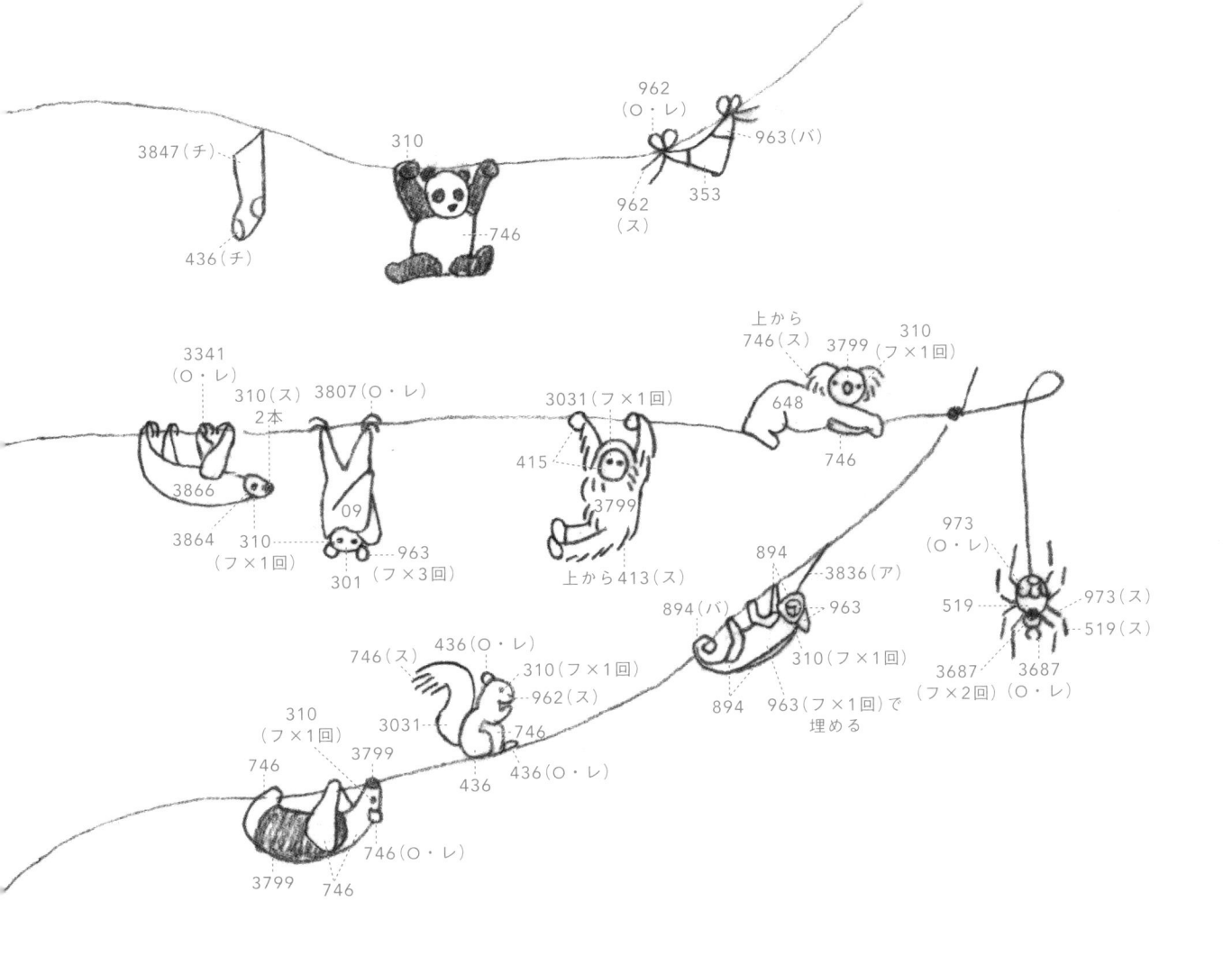

3847（チ）

436（チ）

310

746

962
（オ・レ）

962
（ス）

353

963（バ）

3341
（オ・レ）

310（ス）
2本

3807（オ・レ）

3866

3864

310
（フ×1回）

09

301

963
（フ×3回）

3031（フ×1回）

415

3799

上から413（ス）

上から
746（ス）

3799
（フ×1回）

310

648

746

973
（オ・レ）

519

973（ス）

519（ス）

3687
（フ×2回）

3687
（オ・レ）

894

3836（ア）

894（バ）

963

310（フ×1回）

894

963（フ×1回）で
埋める

746（ス）

436（オ・レ）

310（フ×1回）

962（ス）

3031

746

436

436（オ・レ）

310
（フ×1回）

746

3799

746（オ・レ）

3799

746

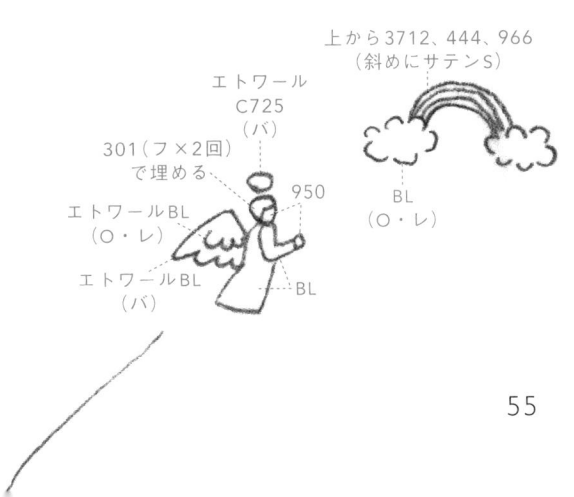

上から3712、444、966
（斜めにサテンS）

エトワール
C725
（バ）

301（フ×2回）
で埋める

950

エトワールBL
（オ・レ）

BL
（オ・レ）

エトワールBL
（バ）

BL

SEWING

手芸の時間

・指定（丸数字で表記）がないものはすべて2本取り。
・ステッチ名がないものはすべてサテンS 。

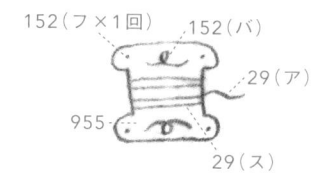

152（フ×1回）　152（バ）

29（ア）

955

29（ス）

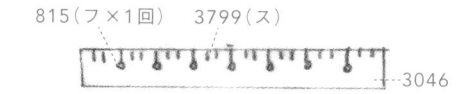

815（フ×1回）　3799（ス）

3046

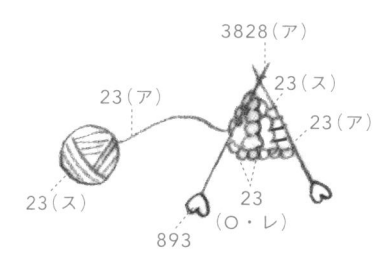

3828（ア）

23（ア）　23（ス）

23（ア）

23（ス）

23（○・レ）

893

LM103

310（フ×2回）

LM103（ス）

LM102

LM102（斜めにサテンS）

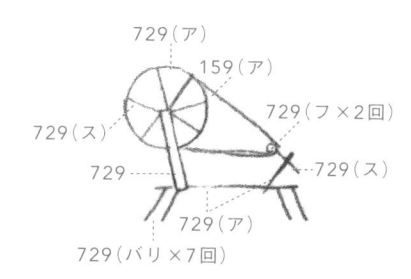

729（ア）

159（ア）

729（フ×2回）

729（ス）

729

729（ス）

729（ア）

729（バリ×7回）

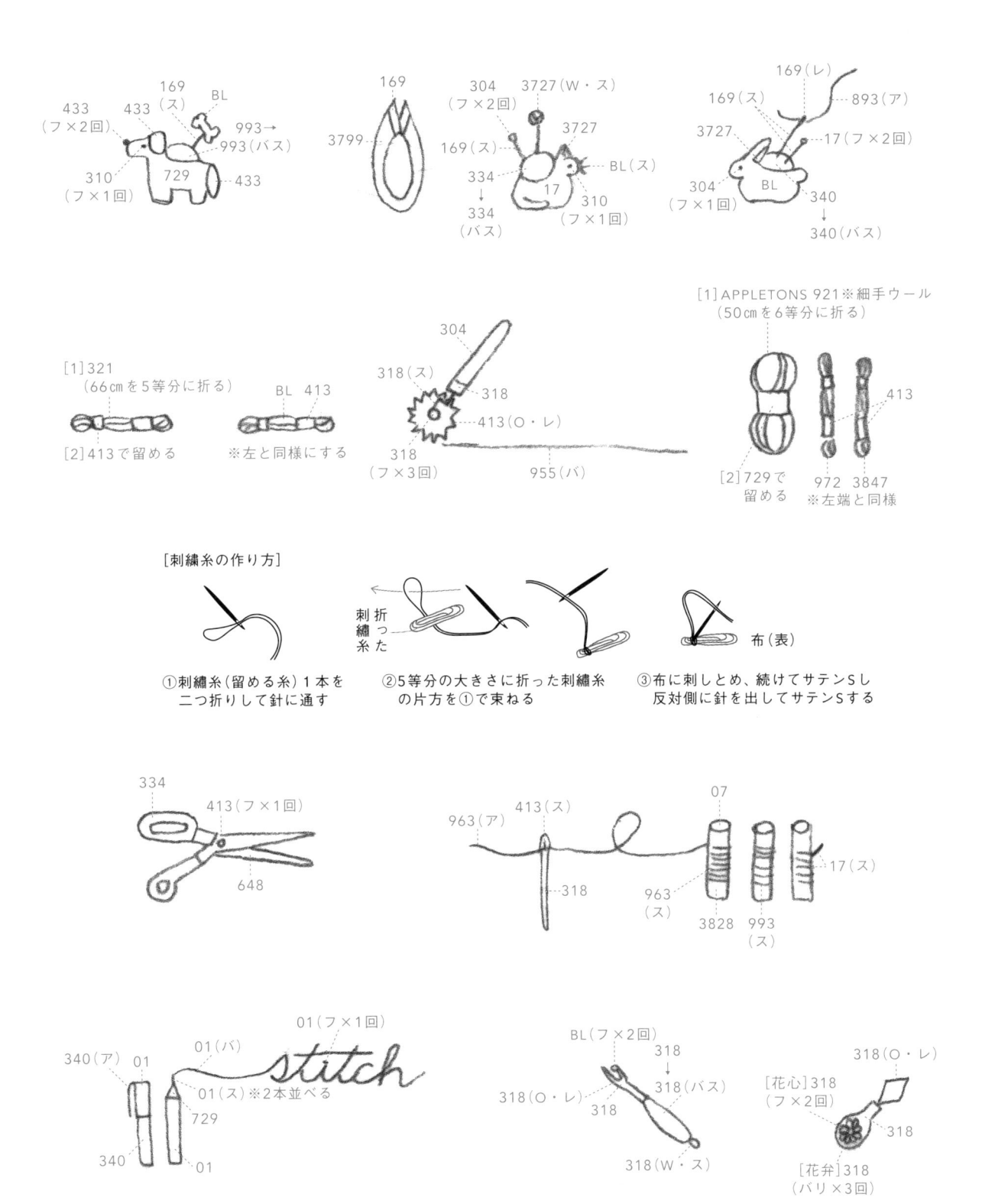

433
（フ×2回）

169
（ス）　BL

433

993→
993（バス）

310
（フ×1回）

729

433

169

3799

304
（フ×2回）

3727（W・ス）

169（ス）

3727

334
↓
334
（バス）

17

BL（ス）

310
（フ×1回）

169（レ）

169（ス）

3727

893（ア）

17（フ×2回）

304
（フ×1回）

BL

340
↓
340（バス）

[1]321
（66㎝を5等分に折る）

[2]413で留める

BL　413

※左と同様にする

304

318（ス）

318

413（O・レ）

318
（フ×3回）

955（バ）

[1]APPLETONS 921※細手ウール
（50㎝を6等分に折る）

413

[2]729で
留める

972　3847
※左端と同様

[刺繍糸の作り方]

刺
繍
糸

折
っ
た

①刺繍糸（留める糸）1本を
二つ折りして針に通す

②5等分の大きさに折った刺繍糸
の片方を①で束ねる

布（表）

③布に刺しとめ、続けてサテンSし
反対側に針を出してサテンSする

334

413（フ×1回）

648

963（ア）

413（ス）

318

07

17（ス）

963
（ス）

3828　993
（ス）

340（ア）　01

01（バ）

01（フ×1回）

stitch

01（ス）※2本並べる

729

340

01

BL（フ×2回）

318
↓
318（バス）

318（O・レ）

318

318（W・ス）

318（O・レ）

[花心]318
（フ×2回）

318

[花弁]318
（バリ×3回）

FOODS

おいしいもの

・指定（丸数字で表記）がないものはすべて2本取り。
・ステッチ名がないものはすべてサテンS 。

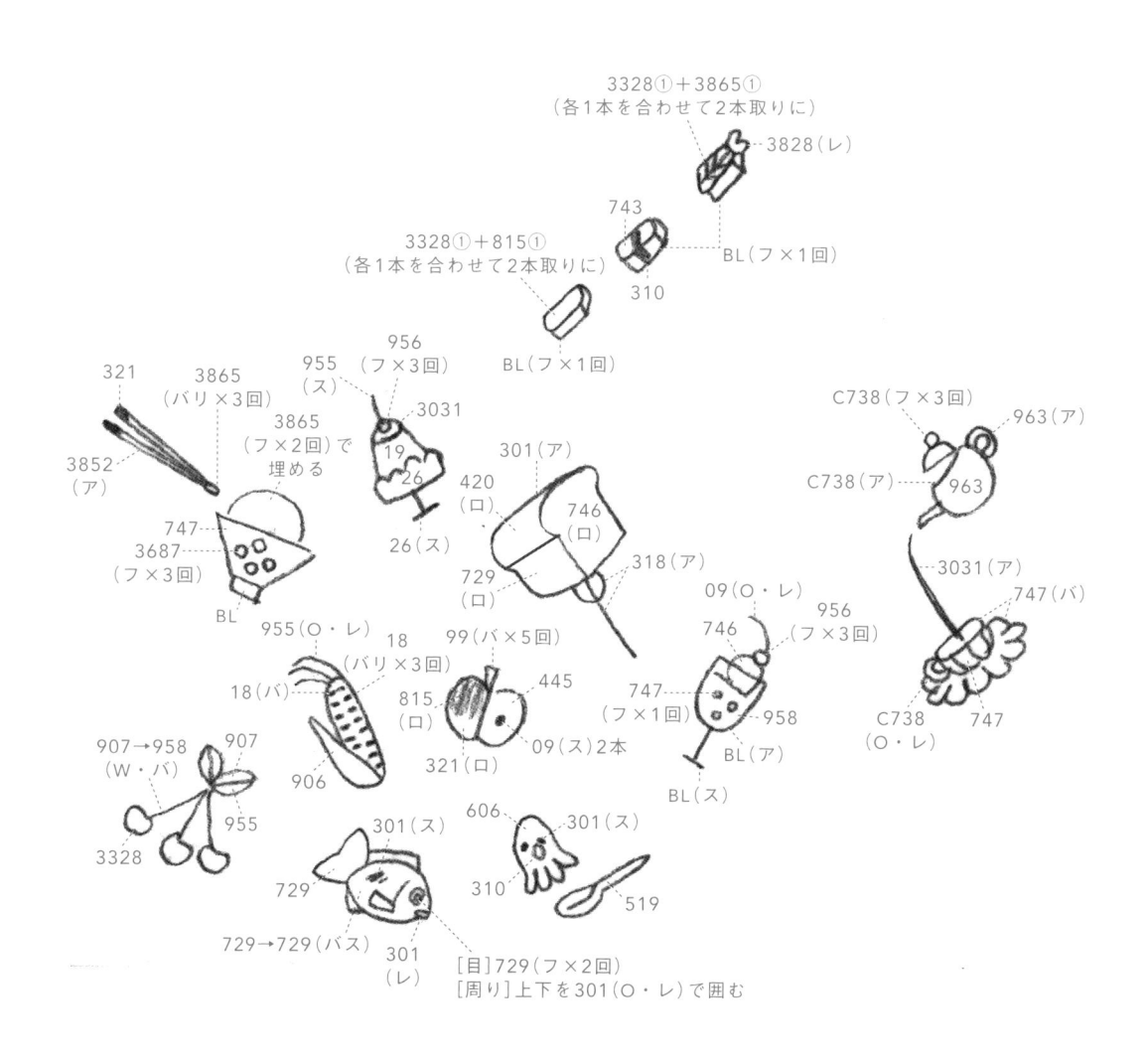

3328①＋3865①
（各1本を合わせて2本取りに）

3828（レ）

743

BL（フ×1回）

310

3328①＋815①
（各1本を合わせて2本取りに）

BL（フ×1回）

956
（フ×3回）

955
（ス）

3031

3865
（バリ×3回）

3865
（フ×2回）で
埋める

321

3852
（ア）

747
3687
（フ×3回）

BL

955（O・レ）

18
（バリ×3回）

18（バ）

907→958
（W・バ）

907

955

3328

906

815
（ロ）

99（バ×5回）

321（ロ）

445

09（ス）2本

19

26

26（ス）

420
（ロ）

301（ア）

746
（ロ）

729
（ロ）

318（ア）

09（O・レ）

746

747
（フ×1回）

956
（フ×3回）

958

BL（ア）

BL（ス）

C738（フ×3回）

963（ア）

C738（ア）

963

3031（ア）

747（バ）

C738
（O・レ）

747

606

301（ス）

301（ス）

310

519

301（ス）

729

729→729（バス）

301
（レ）

[目]729（フ×2回）
[周り]上下を301（O・レ）で囲む

・ワッペンの作り方は76ページ。

BL
729
3841
3841(ア)

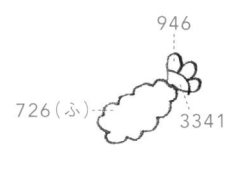

946
726(ふ)
3341

3866(フ×1回)※上から
301
3866

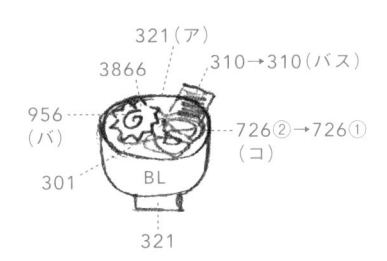

321(ア)
3866
310→310(バス)
956（バ）
726②→726①（コ）
301
BL
321

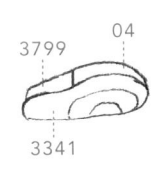

3799
04
3341

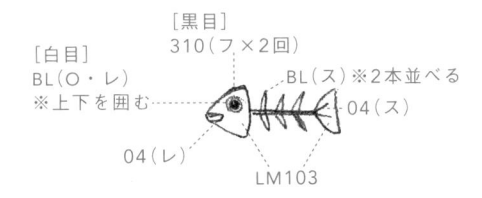

[黒目]
310(フ×2回)
[白目]
BL(O・レ)
※上下を囲む
BL(ス)※2本並べる
04(ス)
04(レ)
LM103

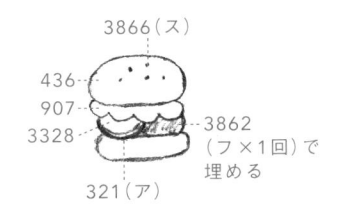

3866(ス)
436
907
3328
3862（フ×1回）で埋める
321(ア)

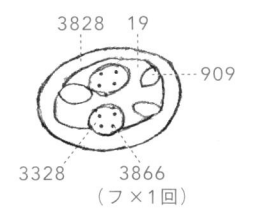

3828　19
909
3328
3866（フ×1回）

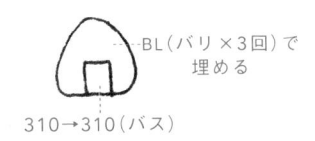

BL(バリ×3回)で埋める
310→310(バス)

59

DINOSAURS &
PALEOORGANISMS

恐竜と古生物

・指定（丸数字で表記）がないものはすべて2本取り。
・ステッチ名がないものはすべてサテンS。

310（フ×1回）

07

07（ス）

※アケる

25

25（ス）

25（ア）

25（チ）

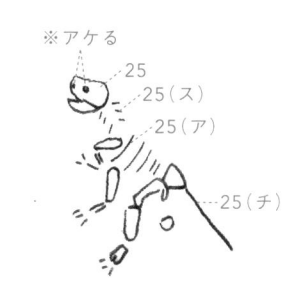

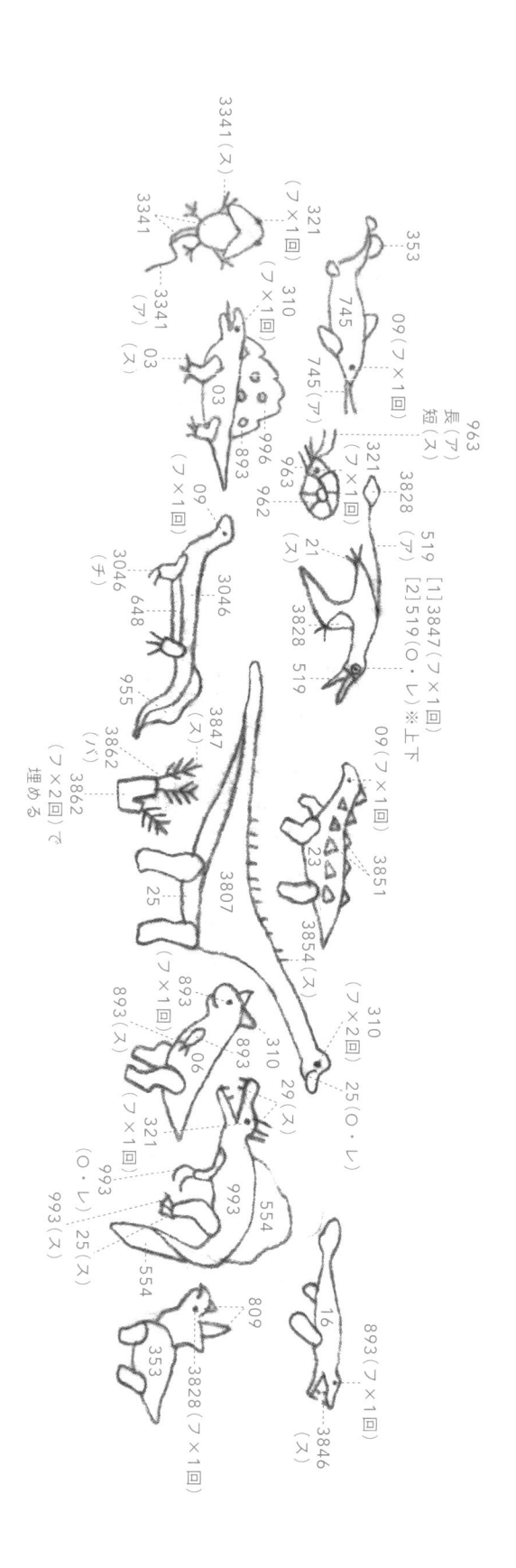

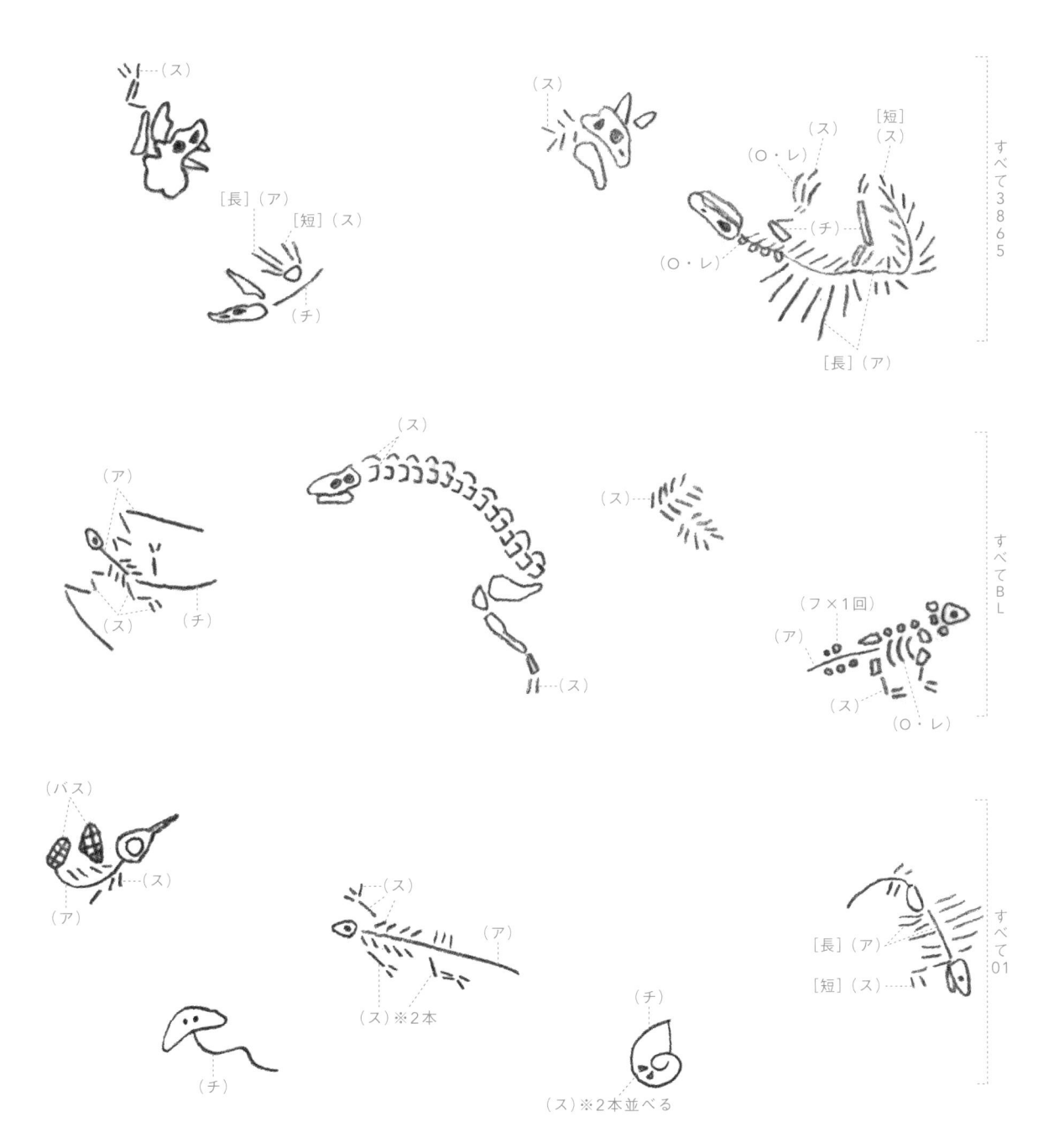

P.20

FANTASY

空想の世界

- 指定（丸数字で表記）がないものはすべて2本取り。
- ステッチ名がないものはすべてサテンS。

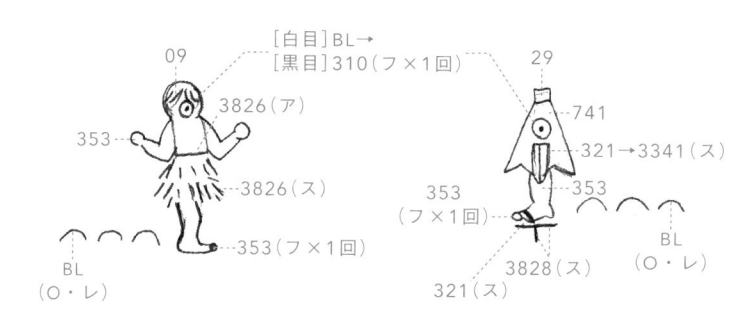

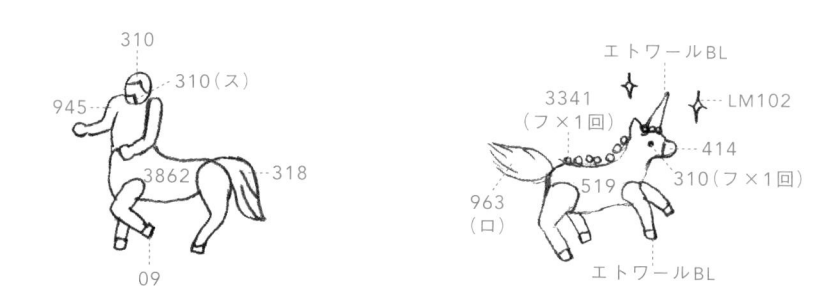

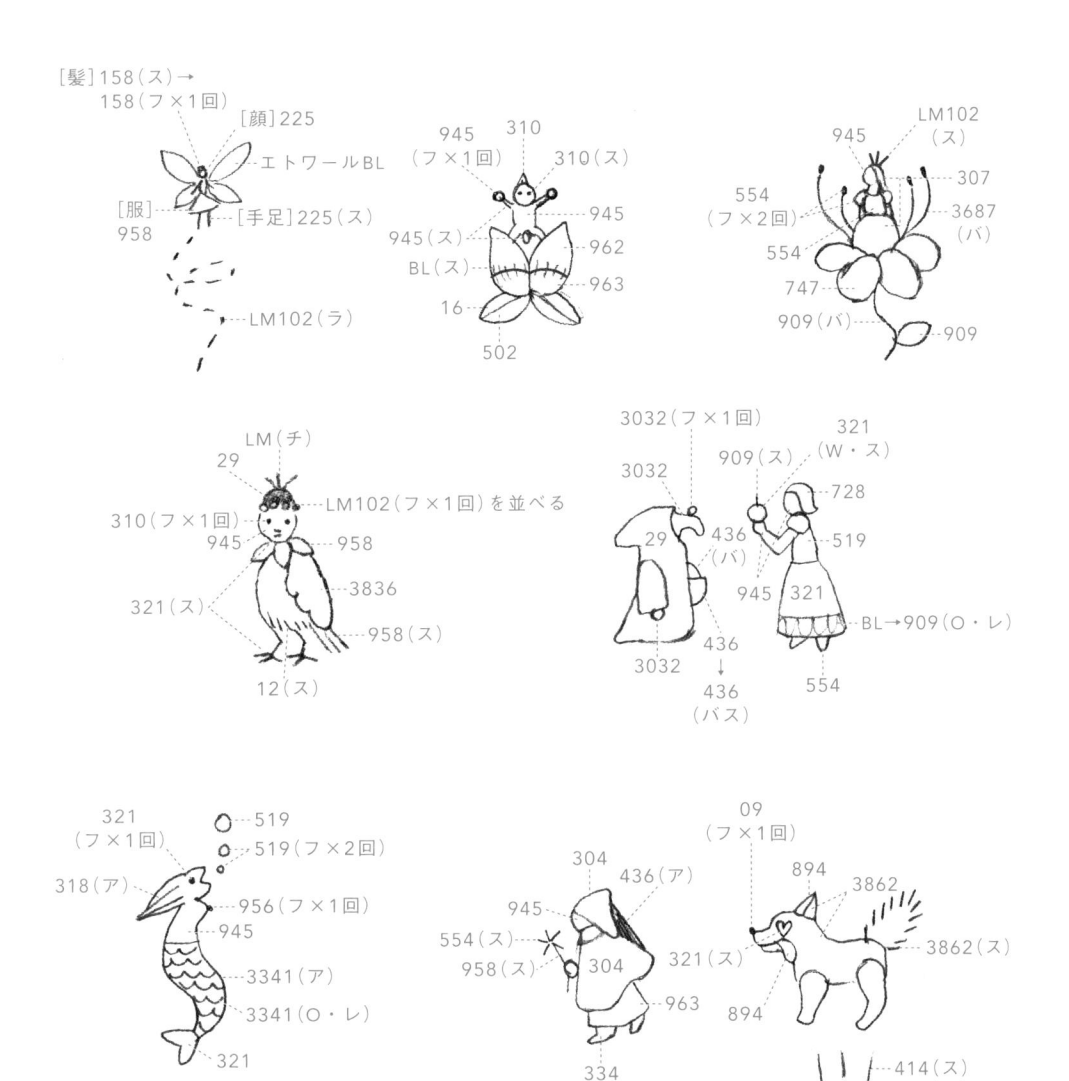

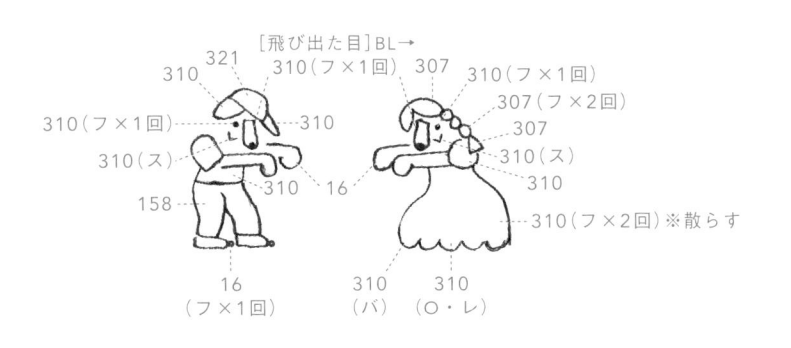

SECRET GARDEN

秘密の花園

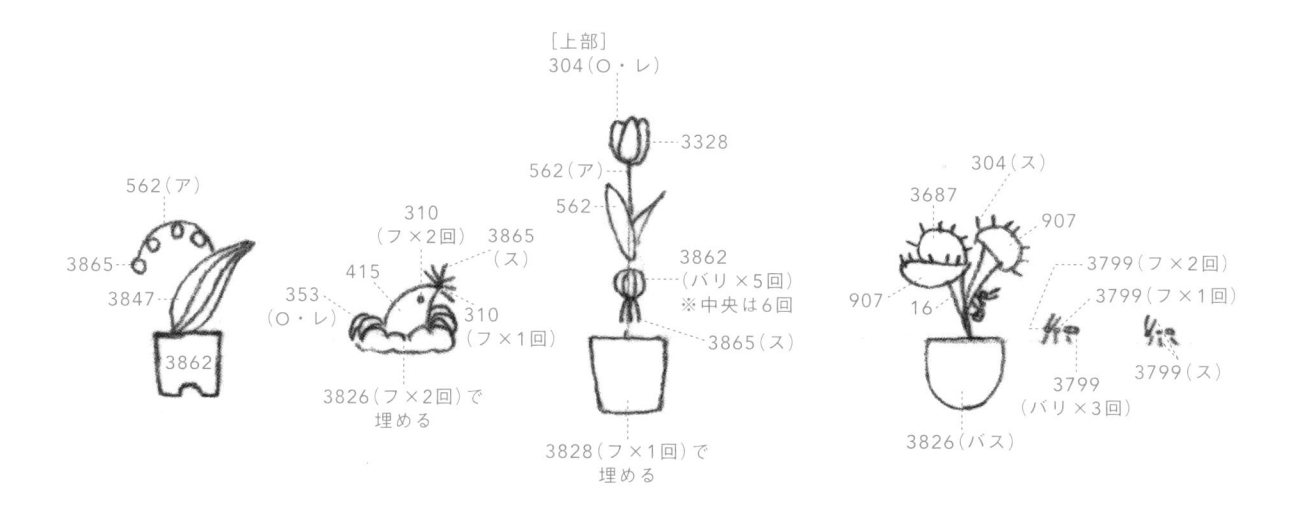

・ミニ巾着の作り方は79ページ。

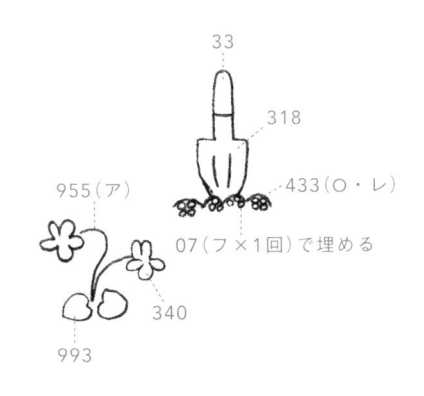

33
318
955（ア）
433（O・レ）
07（フ×1回）で埋める
340
993

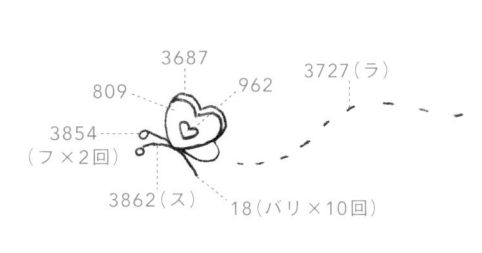

3687
809
962
3727（ラ）
3854
（フ×2回）
3862（ス）
18（バリ×10回）

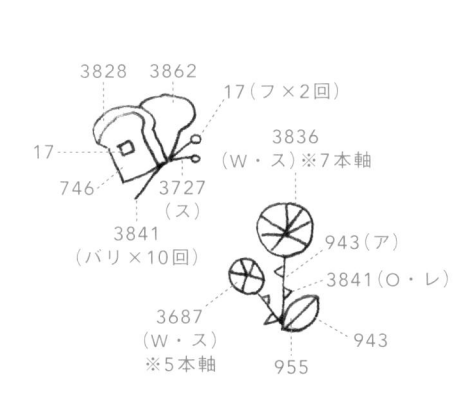

3828 3862
17（フ×2回）
3836
（W・ス）※7本軸
17
746
3727
（ス）
3841
（バリ×10回）
943（ア）
3841（O・レ）
3687
（W・ス）
※5本軸
943
955

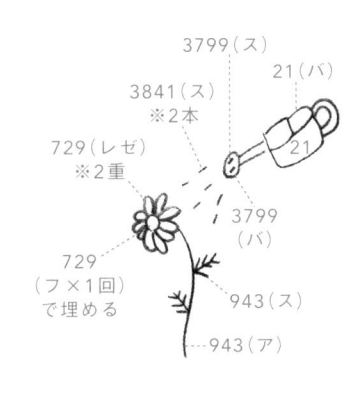

3799（ス）
21（バ）
3841（ス）
※2本
21
729（レゼ）
※2重
3799
（バ）
729
（フ×1回）
で埋める
943（ス）
943（ア）

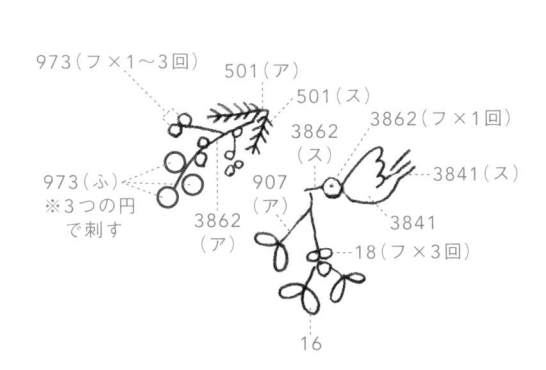

973（フ×1〜3回） 501（ア）
501（ス）
3862（フ×1回）
3862
（ス）
973（ふ）
※3つの円
で刺す
907
（ア）
3841（ス）
3862
（ア）
3841
18（フ×3回）
16

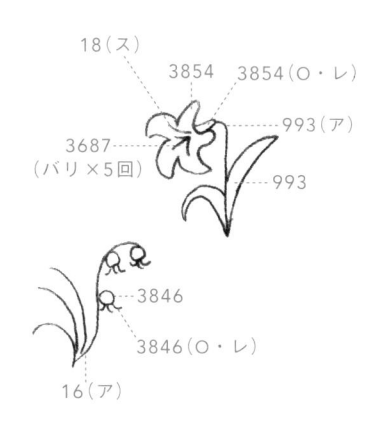

18（ス）
3854 3854（O・レ）
993（ア）
3687
（バリ×5回）
993
3846
3846（O・レ）
16（ア）

ANCIENT REMAINS & CHARACTERS

古墳・埴輪・古代文字

・指定（丸数字で表記）がないものはすべて2本取り。
・ステッチ名がないものはすべてサテンS。

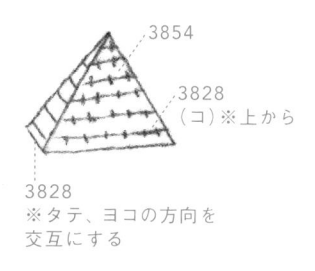

3854
3828（コ）※上から
3828
※タテ、ヨコの方向を
交互にする

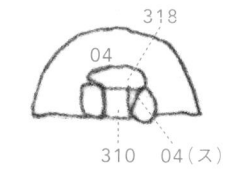

318
04
310　04（ス）

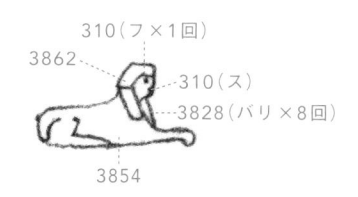

310（フ×1回）
3862
310（ス）
3828（バリ×8回）
3854

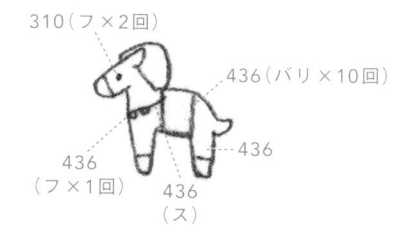

310（フ×2回）
436（バリ×10回）
436
（フ×1回）
436
436
（ス）

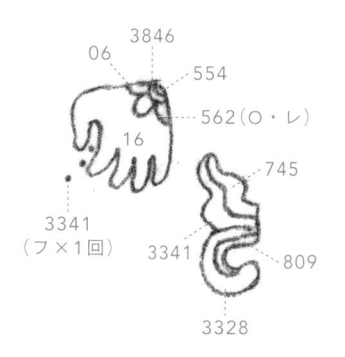

06
3846
554
562（O・レ）
16
745
3341
（フ×1回）
3341
809
3328

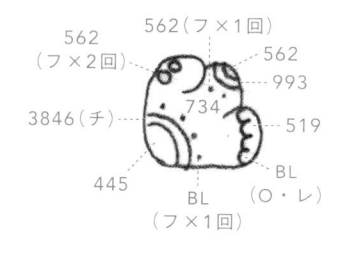

562（フ×1回）
562
（フ×2回）
562
993
3846（チ）
734
519
445
BL
BL　（O・レ）
（フ×1回）

66

・シールは、布に刺繍した後、裏に両面接着テープを貼り、刺繍のきわでカットする。

3828
3828（フ×1回）
3828→3828（バス）
3828
3828※上から
3828（ア）
3828

310（ス）　436
436
436（バリ×7回）

09（ス）　310
407（バリ×9回）
407（バリ×15回）
407

307（バリ×4回）
307（ア）

321→946（W・バ）
3862（チ）

336（ア）
336（フ×2回）
336（ス）

3864（バリ×7回）
310（フ×1回）
3864
3864（ア）

09（O・レ）
321（O・レ）
301（ア）
09（O・レ）
09（O・レ）
09（ス）

648（チ）
648
3807（ア）
3807（ス）

562（ふ）
996
562（フ×2回）で埋める

3687　741
519（チ）
726（フ×2回）を並べる

16（フ×2回）並べる
34（バ）
996（ス）※2本

340（ア）
336（チ）
152（フ×2回）並べる

[1]
648
648
[2]
310（ス）
648（O・レ）
[3]
310（O・レ）上下
648
648（チ）
648（フ×1回）並べる

LETTERS
文字

・指定（丸数字で表記）がないものはすべて2本取り。
・ステッチ名がないものはすべてサテンS。

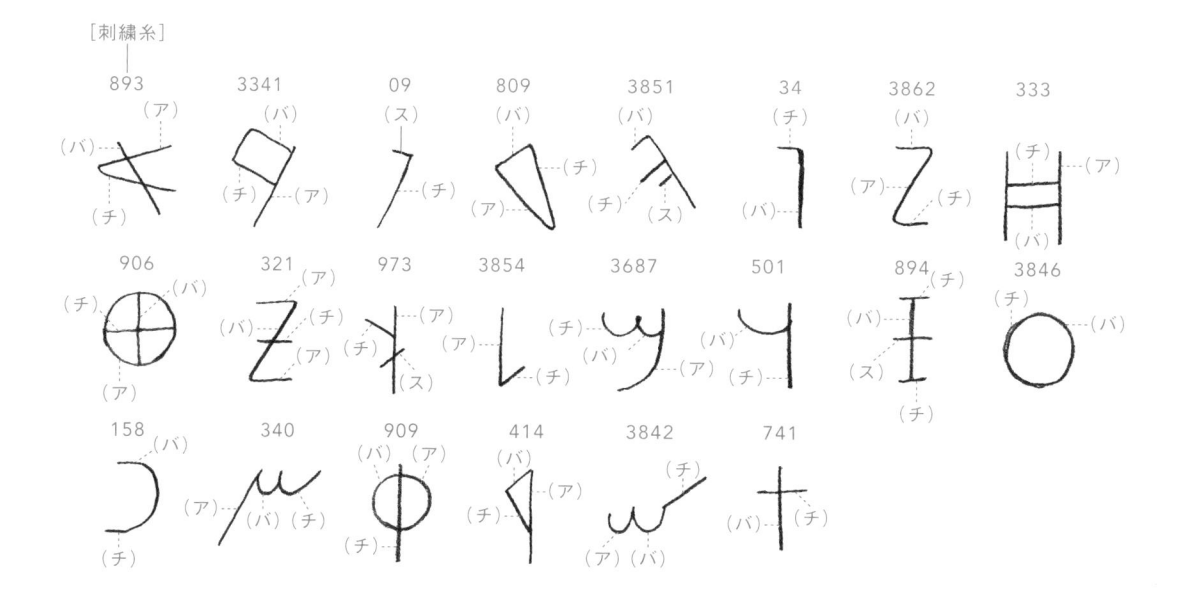

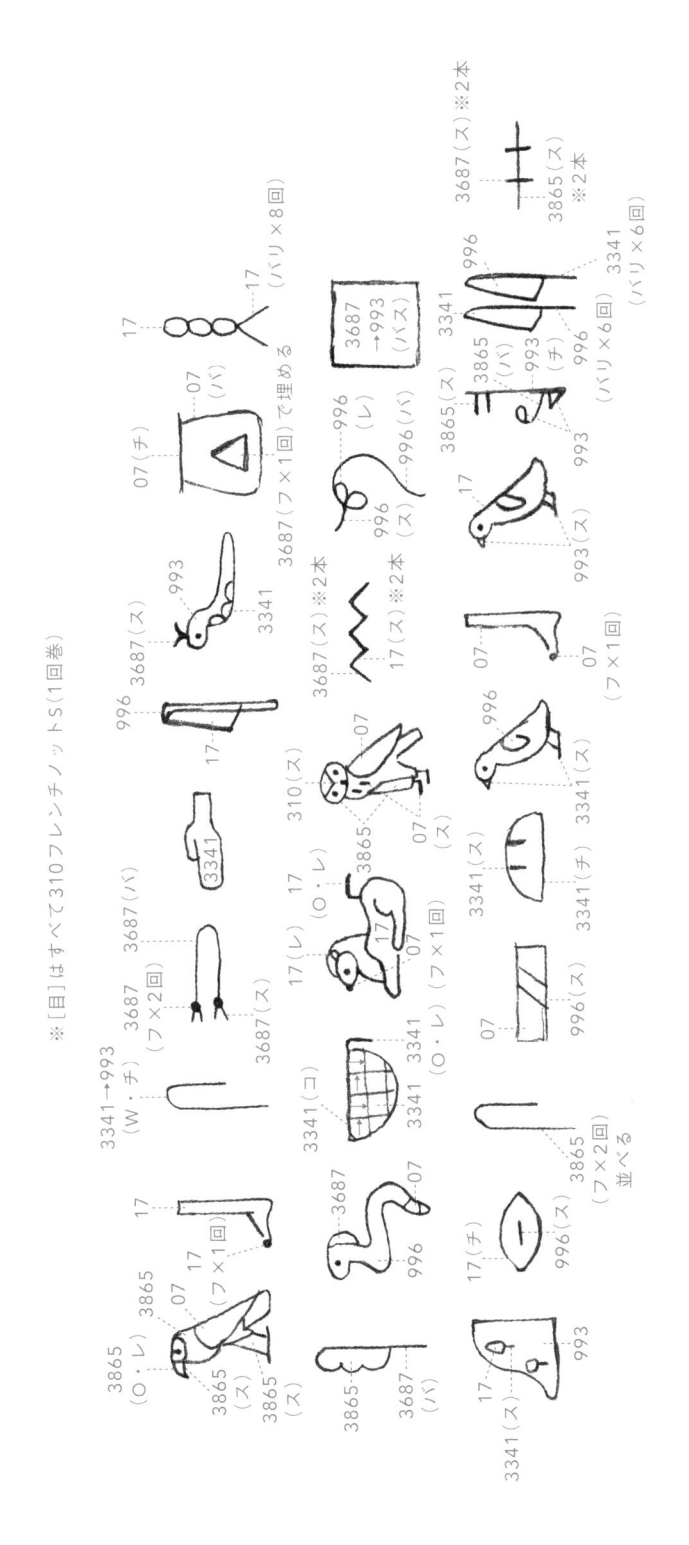

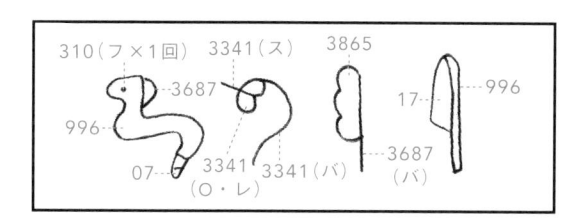

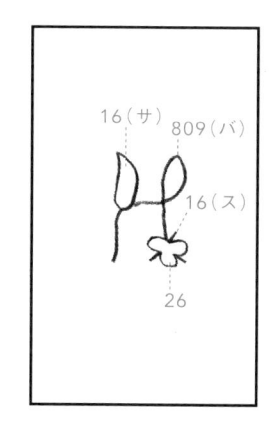

［仕立て方］

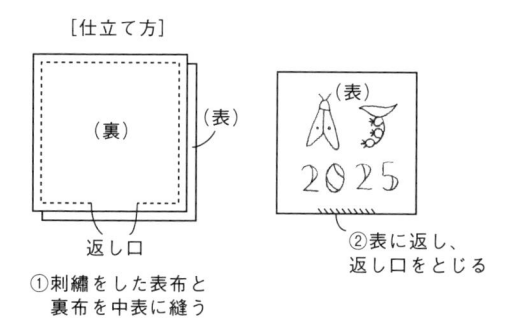

①刺繍をした表布と裏布を中表に縫う

②表に返し、返し口をとじる

※すべて321で指定以外アウトラインS

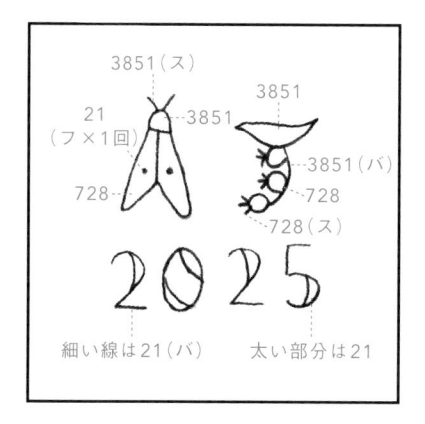

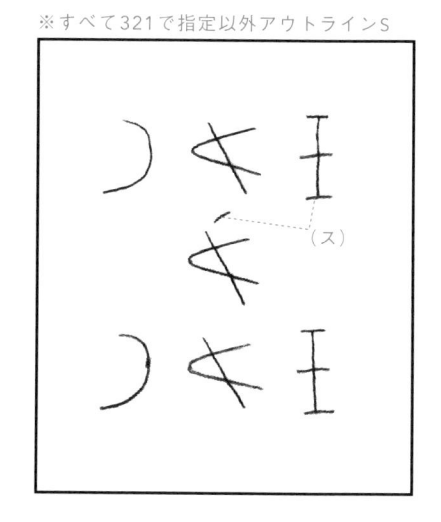

※ピンクは21、緑は3851、黄は728で刺す

細い線はバックS

太い部分はサテンS

P.30

SEASONS

シーズン

・指定（丸数字で表記）がないものはすべて2本取り。
・ステッチ名がないものはすべてサテンS。
・好みのフープ（作品は内径8cm）にはめて飾る。

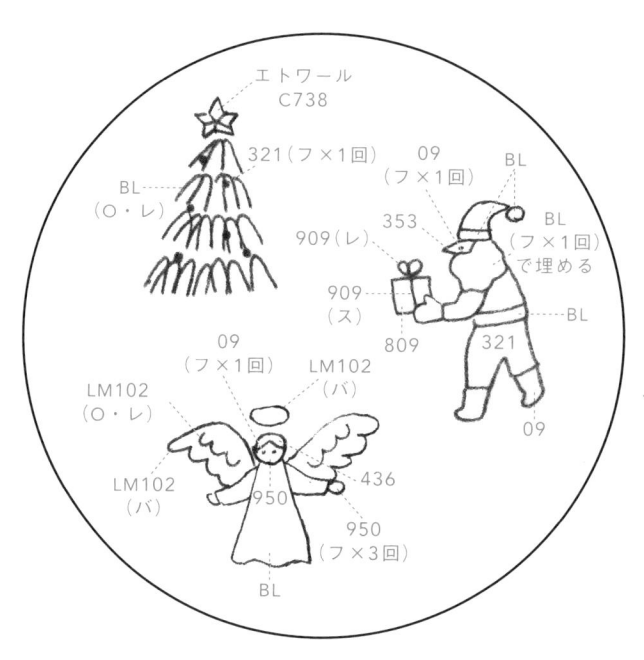

※30ページのように1点ずつ
　刺してもよい

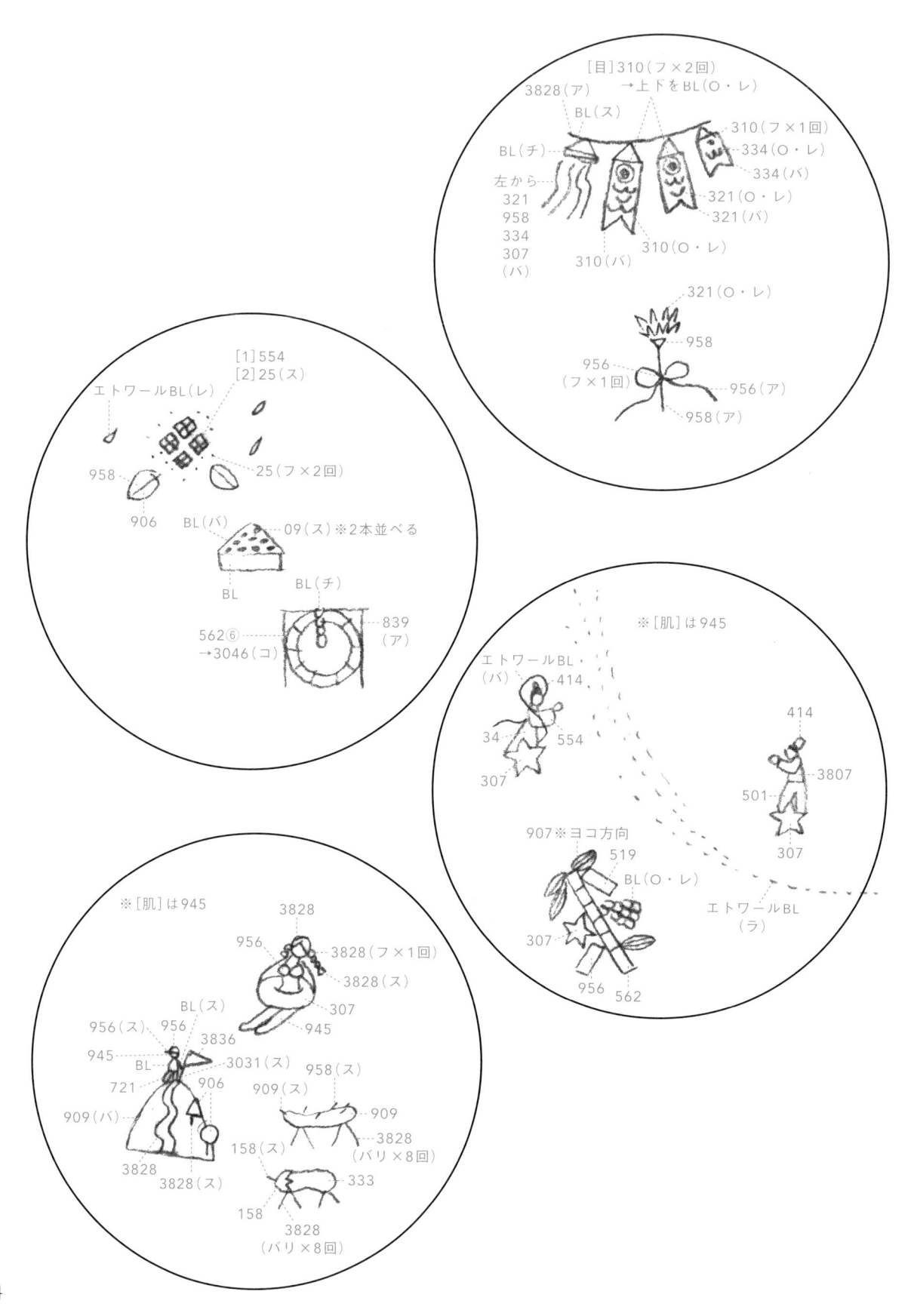

P.1　アップリケワッペン

※P59と同様に刺す

刺繍した布の裏にアイロン両面接着
シートを貼ってきわでカットし、
くつしたにアイロンで
接着する

- -

P.33　アクセサリー

※P59と同様に刺す

[アクセサリーパーツの作り方]

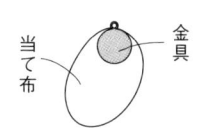

当て布
金具

①当て布（ハードフェルト）に
アクセサリー金具
（カンつき丸プレート）を
金属用ボンドで貼りつける

カンに丸カンや
アクセサリーパーツを
つけて使う

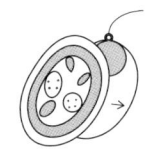

②刺繍して、きわで周囲を
カットした布の裏に
ボンドを塗り、①と
貼り合わせる

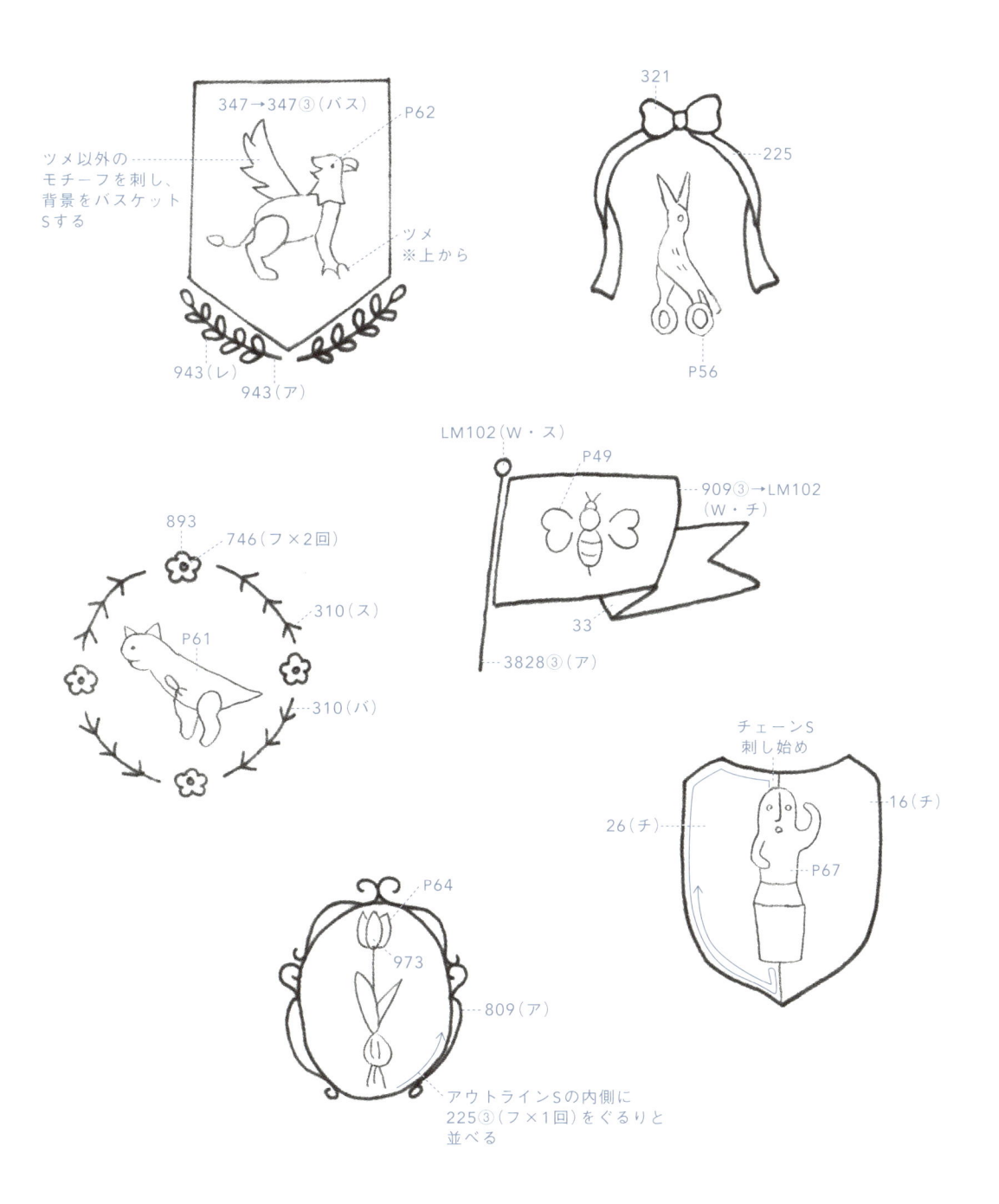

347→347③（バス）
P62
ツメ以外の
モチーフを刺し、
背景をバスケット
Sする
ツメ
※上から
943（レ）
943（ア）

321
225
P56

893
746（フ×2回）
310（ス）
P61
310（バ）

LM102（W・ス）
P49
909③→LM102
（W・チ）
33
3828③（ア）

チェーンS
刺し始め
16（チ）
26（チ）
P67

P64
973
809（ア）
アウトラインSの内側に
225③（フ×1回）をぐるりと
並べる

カバー（表紙）

・指定（丸数字で表記）がないものはすべて2本取り。
・ステッチ名がないものはすべてサテンS 。
・ワッペンの作り方は76ページ。

※指示あるもの以外、指定のページの図案と同様に刺す。

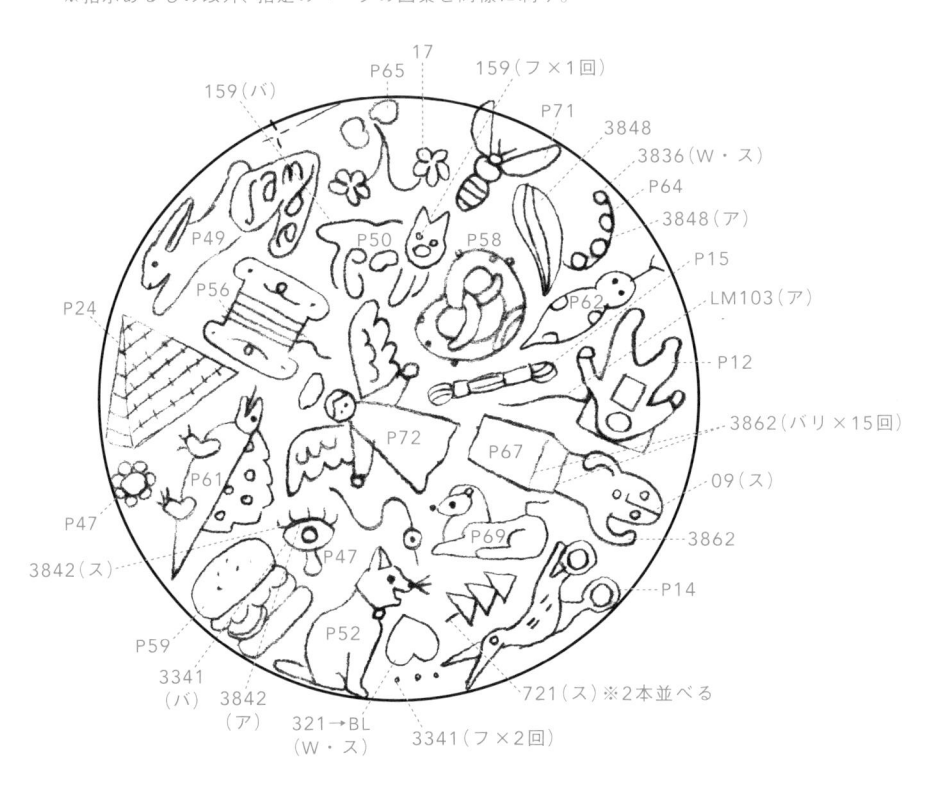

17
P65
159（フ×1回）
159（バ）
P71
3848
3836（W・ス）
P64
3848（ア）
P49
P50
P58
P15
P56
P62
LM103（ア）
P24
P12
3862（バリ×15回）
P72
P67
09（ス）
P61
3862
P47
P69
P14
3842（ス）
P47
P59
3341
（バ）
3842
（ア）
P52
721（ス）※2本並べる
321→BL
（W・ス）
3341（フ×2回）

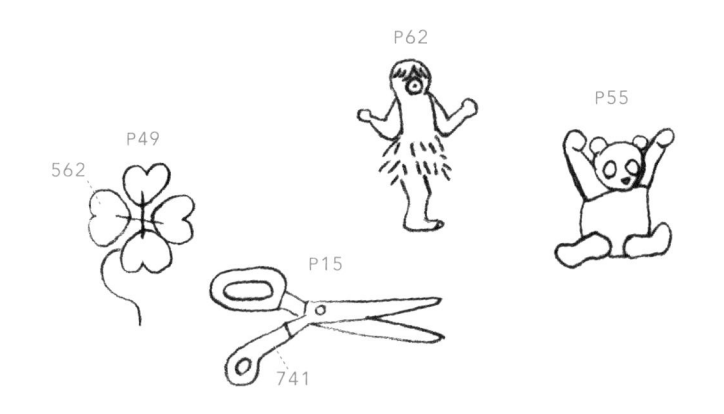

P62

P55

P49

562

P15

741

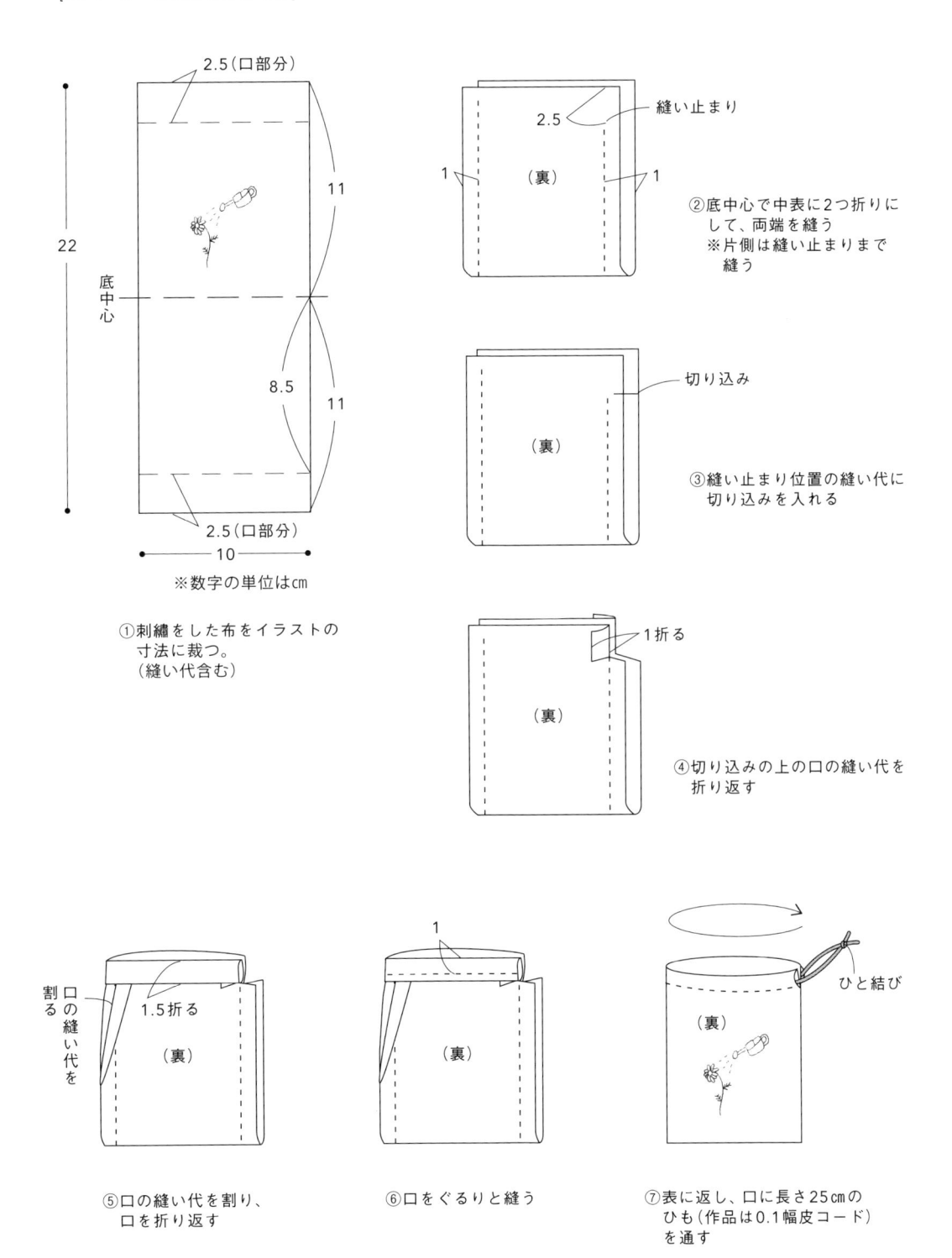

[23ページ　ミニ巾着の作り方]

2.5（口部分）

11

22

底中心

8.5

11

2.5（口部分）

10

※数字の単位はcm

①刺繍をした布をイラストの
寸法に裁つ。
（縫い代含む）

2.5

（裏）

縫い止まり

1

1

②底中心で中表に2つ折りに
して、両端を縫う
※片側は縫い止まりまで
縫う

（裏）

切り込み

③縫い止まり位置の縫い代に
切り込みを入れる

（裏）

1折る

④切り込みの上の口の縫い代を
折り返す

口の縫い代を割る

1.5折る

（裏）

⑤口の縫い代を割り、
口を折り返す

1

（裏）

⑥口をぐるりと縫う

（裏）

ひと結び

⑦表に返し、口に長さ25cmの
ひも（作品は0.1幅皮コード）
を通す

刺繍の刺し方

◎基本のステッチ

ア…アウトライン S

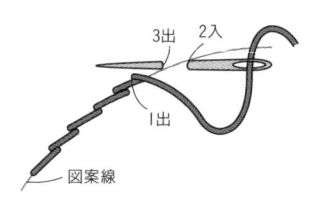

3出　2入

1出

図案線

コ…コーチング S

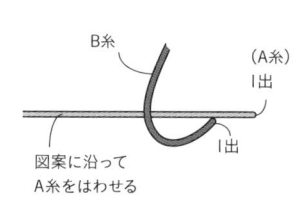

B糸

(A糸)
1出

1出

図案に沿って
A糸をはわせる

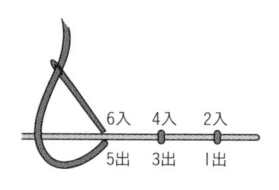

6入　4入　2入

5出　3出　1出

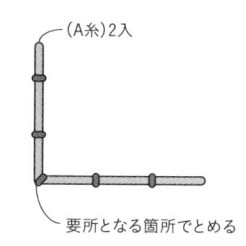

(A糸)2入

要所となる箇所でとめる

サ…サテン S　**LESSON P.36**

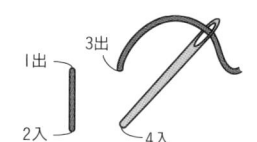

図案線

ス…ストレート S

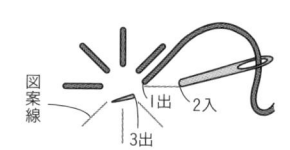

1出
3出
2入
4入

図案線
1出
2入
3出

チ…チェーン S　**LESSON P.38**

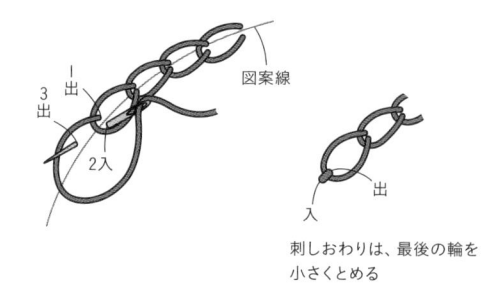

3出
1出
2入
図案線

入
出

刺しおわりは、最後の輪を
小さくとめる

バ…バック S

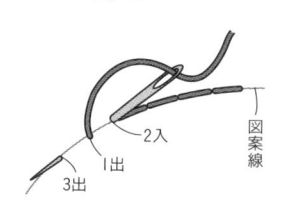

2入
1出
3出
図案線

バス…バスケットS LESSON P.40

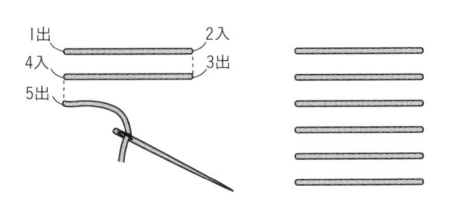

1出　2入
4入　3出
5出

横列を刺す

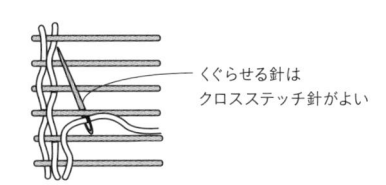

くぐらせる針は
クロスステッチ針がよい

縦糸を刺し、横糸を交互に
くぐらせる

バリ…バリオンS LESSON P.39

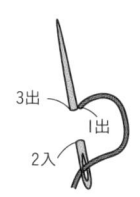

3出
1出
2入

1出の脇から針を
出す（3出）

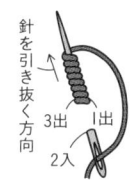

針を引き抜く方向

3出　1出
2入

針に糸を巻く。巻いた糸
を指で押さえながら針
を引き抜く

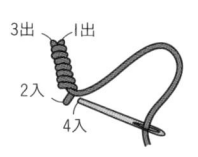

3出　1出
2入
4入

引き抜いた針を2入と同じ穴に
入れる（4入）

フ…フレンチノットS LESSON P.37

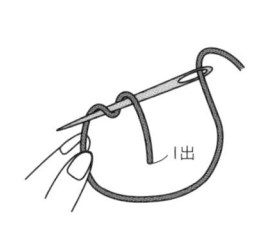

1出

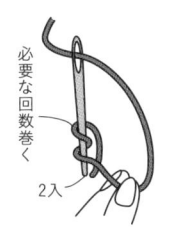

必要な回数巻く

2入

ブ…ブランケットS

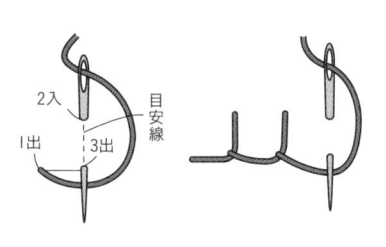

2入
1出　3出
目安線

ボ…ボタンホールS

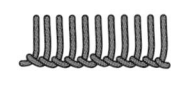

ブランケットSと
同じ要領で
せまい間隔で刺す

ラ…ランニングS

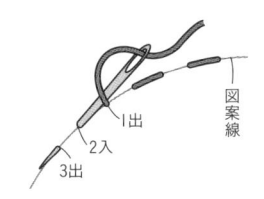

1出
2入
3出
図案線

81

レ…レゼーデージーS

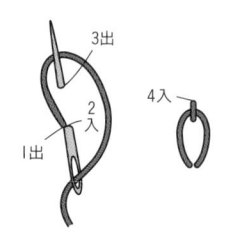

3出
2入
1出
4入

ロ…ロング＆ショートS

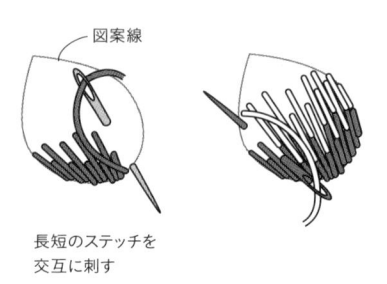

図案線

長短のステッチを
交互に刺す

O・レ…オープン レゼーデージーS **LESSON P.38**

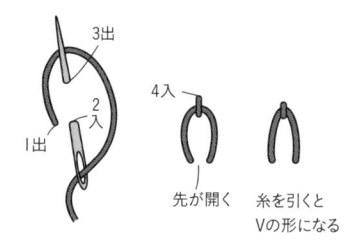

3出
2入
1出
4入

先が開く　　糸を引くと
　　　　　　Vの形になる

W・S…ウーブン スパイダーズ ウェブS **LESSON P.40**

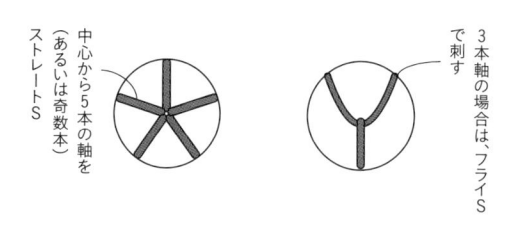

中心から5本の軸を
（あるいは奇数本）
ストレートS

3本軸の場合は、フライS
で刺す

フライS

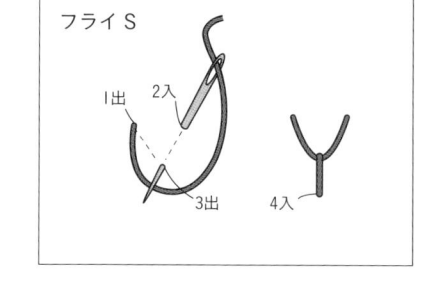

1出　2入
3出　4入

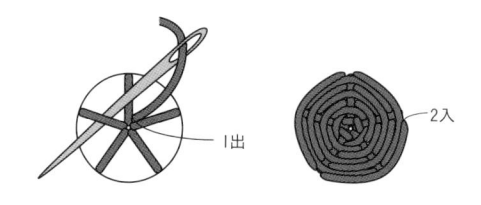

1出
2入

中心から針（くぐらせる針は
クロスステッチ針がよい）を出し、1本おきにくぐらせる

W・チ…ウィップド チェーン S

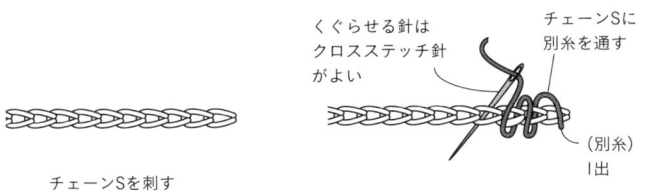

チェーン S を刺す

くぐらせる針は
クロスステッチ針
がよい

チェーン S に
別糸を通す

（別糸）
1出

チェーン1個ずつに別糸を
くぐらせ、巻きつけていく

W・バ…ウィップド バック S

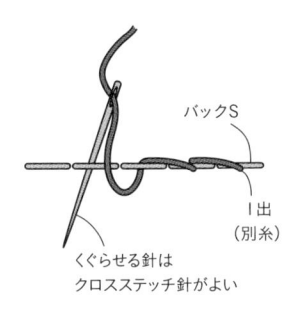

バック S

1出
（別糸）

くぐらせる針は
クロスステッチ針がよい

ステッチ1個ずつに別糸を
くぐらせ、巻きつけていく

千葉 美波子　Chiba Minako

会社員から刺繍家に転身。広告、商品開発、企業コラボのワークショップ、ドラマの監修など刺繍にまつわる幅広い分野で活動。
初心者向けから難しい技術まで幅広い技法を扱う。さまざまなモチーフをアルファベットに落とし込んだデザインが得意だが、最近は「ステッチ技法」にフォーカスしたシンプルな楽しみ方も提案している。刺繍キットも好評。
『はじめての恐竜刺しゅう』(エクスナレッジ)他、著書多数。

オンライン販売サイト
http://kuroyagishiroyagi.com/

インスタグラム
https://www.instagram.com/kuroyagishiroyagi/

参考文献

『アルファベットの事典』著／ローラン・プリューゴープト(創元社)
『サイン・シンボル大図鑑』著／ミランダ・ブルース＝ミットフォールド　翻訳／小林頼子、望月典子(三省堂)
『恐竜博2023』(国立科学博物館)
『化石の写真図鑑』シリル・ウォーカー、デビッド・ウォード(日本ヴォーグ社)
『生物の進化大図鑑』監修／マイケル・J・ベントン他、日本語版監修／小畠郁生(河出書房新社)

刺繍糸提供

ディー・エム・シー株式会社
東京都千代田区神田紺屋町13
山東ビル7F
TEL 03-5296-7831
https://www.dmc.com

道具提供

クロバー株式会社
大阪府大阪市東成区中道3-15-5
TEL 06-6978-2277
https://clover.co.jp/

撮影協力

UTUWA　TEL 03-6447-0070

ちいさな刺繍　マイクロステッチ

2025年5月2日　初版第1刷発行

著者　　千葉美波子
発行者　三輪浩之
発行所　株式会社エクスナレッジ
　　　　〒106-0032　東京都港区六本木7-2-26
　　　　https://www.xknowledge.co.jp/

問合わせ先

[編集]　TEL 03-3403-1381　FAX 03-3403-1345
　　　　info@xknowledge.co.jp

[営業]　TEL 03-3403-1321　FAX 03-3403-1829